Colección
SALUD
Y BIENESTAR

Pan House
Casa Editorial

Editorial PanHouse
www.editorialpanhouse.com

Edición general:
Jonathan Somoza
Gerencia general:
Paola Morales
Gerencia editorial:
Barbara Carballo
Coordinación editorial:
Anagabriela Padilla
Edición de contenido:
Nayith Espinoza
Corrección editorial:
Carolina Acevedo
Corrección ortotipográfica:
Damarys Tovar
Diseño, portada y diagramación:
Audra Ramones

ISBN: 978-980-437-209-4
Depósito legal: DC2023000152

¿Yo Quiero ser Feliz

¿Y tú?

DR. ARODI MARTÍNEZ

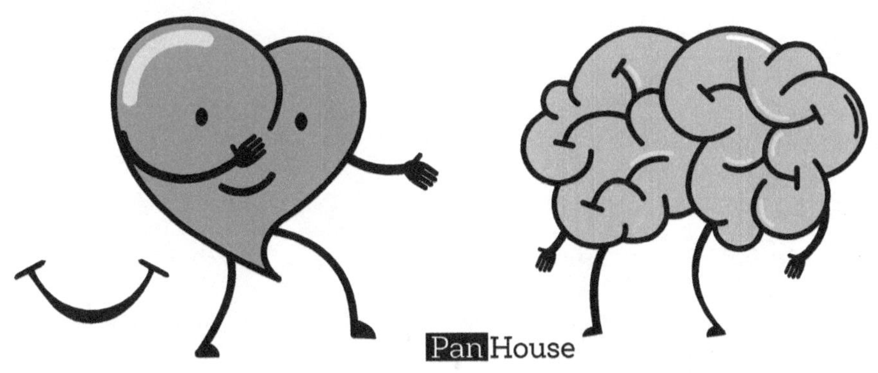

PanHouse

ÍNDICE

CAPÍTULO 1
LOS 5 FUNDAMENTOS DE LA CONDUCTA HUMANA
41

CAPÍTULO 2
LOS TRES CEREBROS
69

CAPÍTULO 3
EL TEMPERAMENTO: MATERIA PRIMA DE NUESTRA PERSONALIDAD
95

DEDICATORIA

Este libro va dedicado a la memoria de mi abuelo paterno y mi tía abuela materna quienes me enseñaron verdaderamente lo que significa **ser feliz** sin importar los niveles de pobreza o riqueza. También quiero dedicar este libro a todas aquellas personas que en alguna ocasión se sintieron perdidos o que quizás en este momento de su vida se perciben solos, deprimidos, tristes, ansiosos por el futuro, sin rumbo y sin poder ser comprendidos. Estoy más que seguro que tu vida jamás será igual después de haber leído este libro. "YO QUIERO SER FELIZ Y TU?" Te ayudará a encontrar el verdadero propósito de tu vida.

AGRADECIMIENTOS

Agradezco a mis padres por brindarme siempre todo su apoyo y darme sus mejores consejos de vida.

Agradezco a mis hermanos por ser los mejores seres humanos del mundo.

Agradezco a mi esposa por ser mi mejor amiga.

Agradezco a mis hijos por haberme dado la oportunidad de ser su padre.

Agradezco a mis mentores, a mis amigos y a toda mi hermosa comunidad nazarena.

Agradezco a mis lectores y seguidores por haberme enseñado que no hay nada más lindo que dar.

Agradezco a la vida y al universo por darme vida e inteligencia para adquirir sabiduría para **ser feliz**.

Agradezco a todos mis pacientes por su confianza y a cada una de las personas representantes y dueños de los medios televisivos de noticias, entretenimiento, educacionales, radiales, periodísticos y redes sociales por haber transformado mi vida y permitirme llevar un rayito de Luz y de esperanza a la vida de tanta gente linda-bella-y-hermosa a nivel nacional e internacional y porque no decirlo también a nivel mundial.

SOBRE EL AUTOR

Por Nelson Henríquez C.

Como si fuesen los capítulos de un libro segmentado en etapas, el discurrir de la vida del doctor Arodi Martínez a veces cae y luego se levanta en un sube-y-baja de zigzagueantes vicisitudes, con pausas y reinicios que pueden compararse al ave fénix despegando desde sus propias cenizas para seguir volando.

Consecuente, muy personalizada y muy propia, su vocación se fue desarrollando prematuramente desde su infancia a través de las matemáticas, las ciencias, la historia universal, la computación, la psicología, la música y el exilio hasta alcanzar el doctorado.

Avanzando en el tiempo, en diferentes escenarios y en la medida que compartía conocimientos, ideas y experiencias también muy suyas, la explícita presión emocional de sus amigos, colegas y estudiantes fue el impulso definitivo que lo puso frente al proyecto de escribir por fin un libro que lo mostrara integralmente en sus diversificadas facetas personales más allá y más acá del ámbito profesional y científico.

Se lo dijeron muchas veces. Y él lo escuchaba con atención simulando que estaba haciendo oídos sordos a las sugerencias: "Profesor, es increíble todo el saber que usted posee, escriba un libro". Sus amigos eran aún más categóricos: "Eres un diamante en bruto. ¡Tienes tanto que dar! Si te mueres, te vas a llevar todo eso. No seas egoísta. Escribe".

En repentinos momentos de inspiración, hasta entonces solo había redactado rápidas frases, el breve pero constante fruto de sus meditaciones, pensamientos, ideas, el inicio de algún párrafo inconcluso… hasta el día en que comprendió como psicólogo la urgencia global de millones y millones de personas alrededor del mundo que buscan ayuda porque la necesitan ya, ahora mismo.

Convencido de que era una misión y un noble compromiso social, se entregó a esa tarea de un modo sistemático y disciplinado dedicándole a veces hasta un par de horas diarias.

A diferencia de los poetas y los novelistas, su voluntaria asignación trascendía lo ficticio y entraba agresivamente en el complejo drama real que es la vida de los muchos náufragos actuales clamando por un faro que los guíe al abrigo de un buen puerto.

Nada de esto es ajeno a sus propios avatares. La vida del Dr. Arodi Martínez ha sido también una odisea desde que nació en Guatemala el país de la eterna primavera, en la ciudad de Tiquisate, Departamento de Escuintla, la denominada costa azul de ese país.

Por la fascinación que experimentaba al navegar en las matemáticas, durante su infancia protagonizó la magia y el juego con que un niño se puede divertir con los números y también con la historia, el auge y el declive de las civilizaciones, las guerras, los imperios, las hazañas, los nombres de Egipto y

Mesopotamia, fronteras y territorios que solo podía ubicar en un mapa desplegado en la pared del salón de clases.

Simultáneamente también lo embrujaban las ciencias naturales y ese callado sentido perceptivo de un crucigrama que más tarde lo llevaría a la computación. Su educación, en el nivel de Primaria 2, la recibió en una escuela pública situada en el barrio Santa Teresa, Municipio de Nueva Concepción. Fue su abuela quien impuso al interior de la familia la ventaja de que el niño pasara por ese tipo de establecimiento antes de que continuara estudiando en el colegio evangélico privado ELIM en donde había estudiado su primer grado de primaria y consecutivamente recibió el nivel de primaria 3,4,5 y 6.

Posteriormente ingresa al Liceo Técnico de Computación, donde completa su enseñanza básica, correspondiente a los grados 7, 8 y 9 de la Junior High de Estados Unidos. Aparte de las matemáticas, en ese capítulo de su vida también le atraen el álgebra, el español y, por supuesto, las ciencias, sociales y naturales. "Lo que fuese pero, por encima de todo, el propósito de ser doctor". Así se lo expuso a su madre: "Será para cuando estés viejita y yo pueda darte los medicamentos y la nutrición que necesites y cuidarte".

Así consigue que lo matriculen en un instituto privado de Computación e Informática de Nueva Concepción, donde estudia dos carreras: una para ser Perito en Administración de Empresas especializado en Computación y, adicionalmente, la profesión de Técnico en Computación.

Se graduó con honores. Pero nunca pudo recibir sus diplomas en Guatemala, ya que se vio obligado a emprender el difícil camino del exilio y establecerse en Estados Unidos.

Recién estaba cumpliendo 18 años. Felizmente había terminado sus estudios antes de lo normal. Siempre fue el más pequeño en los salones de clase.

Radicado en el estado de la Florida, y adaptándose a los estándares del país, se graduó en la High School de Hialeah, alrededores de Miami. A finales de 1999 se traslada a California, donde vive en el área de Van Nuys, Valle de San Fernando. Por su iniciativa personal se inscribe para incorporarse al Ejército de Estados Unidos y es rechazado por cuestiones legales de inmigración. Es un momento desilusionante, porque ya vivía la emoción de que sí podría comenzar una carrera militar.

Perseverando y en permanente actividad, continúa su preparación. Sin eso le iba a resultar muy difícil buscarse un salario por arriba de lo normal. Sacó una certificación como operador de montacargas. Volvió a estudiar lo que ya había aprendido en Guatemala. Se perfeccionó en administración de empresas. Sacó una licencia comercial y, poniendo en práctica sus nuevos estudios, puso una compañía para manejar camiones pesados.

Traicionado por un socio como mucha otra gente dedicada a los negocios, el año 2010 "todo" se le vino abajo y cayó en la bancarrota. Después de estar generando 40 mil dólares semanales se transformó en acomodador de carros en un *valet parking* ganando unos 150 dólares a la semana. El ave fénix iba a la baja.

Fue un lapso de aproximadamente dos años. Nunca llegó a determinar si estaba deprimido o qué era lo que padecía. Pierde su matrimonio. Cierra ese capítulo y empieza el siguiente, ganando 150 dólares por semana. Recuerda que dos de sus mentores el Dr. Carlos McDonald y el Ingeniero Celso Pérez cierta vez le dijeron: "Tú no estás deprimido, solo estás distraído, tienes que saber y recordar quién eres tú".

Fueron palabras que lo impactaron y a partir de ahí, entre los años 2012 y 13 reinicia sus estudios de Psicología en la Interamerican University cuyos campus están en Puerto Rico, Washington, Nueva York y Los Ángeles. Se convierte en profesor de la institución y sucesivamente accede a los grados de Bachelor, Maestría y Doctorado, proceso que culmina el año 2019.

El ave fénix retoma su vuelo. Empieza a trabajar con compañías que cubren diversos condados de California hasta High Desert y otras ciudades alrededor de Los Ángeles y del Inland Empire dedicadas a brindar servicios a niños con autismo. Como supervisor tiene a su cargo equipos de terapistas y especialistas. Por su formación académica, su mayor conocimiento y experiencia en el campo infantil atendiendo problemas neurológicos y psicomotores, saca más de cuarenta certificaciones y actualmente se encuentra cursando una certificación más en la universidad de Harvard y a punto de obtener un segundo doctorado en la tricentenaria Universidad Autónoma de Guatemala (USAC). Reconocida por ser una de las universidades más grandes y antiguas en las Américas.

Como corolario de toda una vida, su vocación está en la ciencia y se amplía, cayendo casi accidentalmente también en la música, que lo convierte en líder de una agrupación en su comunidad más amada Beth Yahshua en donde puede tocar instrumentos como el piano, la guitarra, la batería, el bajo y las percusiones, congas y timbales. Se presenta en numerosos lugares y congregaciones.

Clínicamente además usa la técnica de la música-terapia y se define en la perspectiva de ver cómo el cerebro trabaja desde el punto de vista de la neurología centrándose en términos muy simples en la necesidad de que las personas sean felices en todos los aspectos.

Padre, esposo y puntual deportista practicante del fútbol, el doctor Arodi Martínez resume su sentir afirmando que la vida ha sido muy benevolente con él y, como una forma de "dar de lo mucho que hemos recibido", junto a su actual esposa tiene una corporación no lucrativa que ayuda a familias con problemas de adaptación, incluidos los inmigrantes, mujeres que han sufrido violencia doméstica y niños víctimas de diversos abusos. También cuenta con una segunda corporación en la cual ofrece carreras cortas de un año y servicios educativos para preparar y capacitar a toda persona que tenga el deseo en convertirse en un Life Coach.

Respecto a su libro dice que dos de sus objetivos es atacar la ansiedad y la depresión clínica que quizás es solo distracción y hacer que la gente se sitúe frente a su ego, el cual debe ser su mejor aliado y no su peor enemigo. "Leerlo será una forma de abrir las puertas a esa enseñanza, porque es con la enseñanza como se aprende a pavimentar el camino que conduce a la felicidad", concluye. El ave fénix vuela en una altura ideal.

L. Nelson Henríquez C.
Escritor y periodista.
Los Ángeles, California.

PRÓLOGO

'YO QUIERO SER FELIZ'
ENCUENTRA TU FELICIDAD EN TR3S PASOS

A BUSCAR LO MÁS VALIOSO DE LA VIDA
EL ARTE DE DAR MÁS SENTIDO A LA VIDA

La vida tal como es. De lo práctico y cotidiano a lo clínico con explícita fidelidad al ángulo científico, demostrando que las sensaciones, los sentimientos, las ideas, los gustos y disgustos, y hasta los gestos, los sueños y las pesadillas, tienen más de una explicación lógica naturalmente respaldada por investigaciones y saberes estadísticos.

Sorprendente por lo completo de su enfoque, este es el primer libro del doctor Arodi Martínez. Se llama "Yo quiero ser feliz y ¿tu?". Ni más ni menos. ¡Vaya qué título! ¡Y qué contenido! Con su publicación estamos asistiendo a un debut literario distinto, porque su autor se puso a escribirlo porque se lo pidieron hace tiempo y se sintió obligado por la insistencia de quienes lo conocen y tratan frecuentemente.

Por eso y porque en la vida cabe de todo y algo más es que el doctor Arodi nos lleva a las fronteras de un arte que no tiene nombre, un mundo que por ser tan nuestro y tan próximo en ocasiones pareciera estar muy lejos, más en los demás que en uno mismo.

Inequívoco, certero y visceralmente preciso, el título en este caso denota una tarea urgente. Pertenece al pensamiento de un ser humano que entra de lleno en el análisis de un fenómeno inquietante al preguntarse por qué hay gente que esquiva el logro de su felicidad por simple negligencia sin detenerse en las consecuencias de abrazar la idea de que pueden vivir mucho mejor si se lo proponen, pero comenzando por la decisión de quizás mirarse al espejo, respirar profundo, sonreír y también exclamar "yo quiero ser feliz".

Desde el vivificante 'más allá' de los eruditos esta vez viene y se queda con nosotros alguien que se posiciona en 'el más acá' de la gente cercana y exulta su confianza y su agrado como el amigo que comparte vivencias y recuerdos con nosotros, posibilidades y planes, aprendizajes y anécdotas. Ese amigo que, de repente, se atreve a preguntarnos qué es el ego.

¿El ego? ¿Qué es eso? ¿Es esa caricatura de mí mismo en que suelo incurrir al hacerme un 'selfie'? ¿O es mi propio yo, ese con que me encuentro a solas rara vez y hasta me irrita? ¿Es mi ego un buen aliado o un enemigo encubierto? ¿Es un muro impenetrable o la puerta abierta para que avance junto a él en pos de algo que le dé un mayor valor y sentido a mi vida?

Desarrollado en profundidad, los puntos de vista del doctor Arodi Martínez sobre este factor fundamental de nuestra personalidad interior sorprenden y orientan, redescubriendo en el ego un camino, una especie de 'personaje' que siempre existió pero, por desidia, por flojera o por adormecimiento de la curiosidad, aún no habíamos adoptado como un compañero de ruta.

El planteamiento fundacional en este libro parte de la premisa de que la vida ha sido muy benevolente con su autor y su entorno inmediato, refiriéndose a un "nosotros" que pone desde un principio las cosas en su lugar.

Se trata, por lo tanto, de un texto concebido dentro de un ambiente propicio, no solo positivo sino trascendente por su análisis y por el tono sugerente de reflexiones que puedan ser aplicables en todas las áreas de la vida; por ejemplo, el de la víctima, quien piensa que todo el mundo se aprovecha de él o ella, incluyendo hechos como la traición en el amor, el engaño recurrente que se repite a través del tiempo.

Esto el doctor Arodi Martínez lo responde formulando una primera pregunta: ¿Por qué me están engañando? Como conjetura comenta que en ese trance es quizás la oportunidad de sacar a flote el ego y botar las cosas que dañan, y yendo a un siguiente nivel continúa preguntándose "para qué" me engañaron, "para qué" me han sido infiel. La sombra de una conclusión de lo que me ha pasado en ciertos casos se yergue en la sospecha de que si alguien me está mintiendo es porque yo también he mentido. Eso sería el equivalente a un juego de egos en contradicción.

De esta manera se abre una puerta a la enseñanza, preguntándose "¿qué es lo que debo aprender para que el engaño no se repita". O dicho de otra manera, ¿qué es lo que yo estoy haciendo para que a mí me estén engañando? Esta es otra fase del proceso en que el ego también se enfrenta con el ego.

Entre sus plausibles y numerosos logros, lo interesante de este libro es eso: el ejemplo concreto, que no es tan individual ni tan personal como se cree, ya que como fenómeno social de nuestro tiempo termina refiriéndose a situaciones tan reales y diarias que involucran y afectan a millones de personas.

Inserto en la contingencia literaria, el doctor Arodi Martínez ahora se está iniciando formalmente como escritor libresco.

Con "Yo quiero ser feliz y ¿tú?" también está incursionando en otro oficio que le fascina: su vocación magisterial, la de profesor, pero en su sentido etimológico de profesar, hacer suya una misión, poner en práctica el deber de enseñar lo que sabe, no solo por saberlo sino porque lo considera necesario y por eso culmina este esfuerzo destacando cuáles son los alimentos con que podemos optimizar adicionalmente la salud de nuestro cuerpo.

En resumen, estamos en presencia de un 'automandato' imprescindible para que sus lectores visualicen y sepan cuál es la mecánica, el multi-fenómeno que rige su 'modus operandi' emocional, sus deliberadas y voluntarias experiencias de vida, su actitud, sus actos, su preparación, sus convicciones y motivaciones en el camino hacia la felicidad por muy lejos que ésta parezca estar.

Nelson Henríquez C.
Los Ángeles, California.
Otoño, 2022.

COMENTARIOS DEL LIBRO
EL TÍTULO LO DICE TODO.
YO QUIERO SER FELIZ ¿Y TÚ?...

Salud y bienestar, salud mental, física y espiritual, la dualidad necesaria que el Dr. Arodi Martínez maneja a la perfección por su cercanía constante con los dos ámbitos: el espiritual y el científico.

Yo quiero ser feliz ¿y tú?

El mensaje, además de explícito, es muy elocuente, va del corazón al cerebro y tiene como propósito mejorar nuestro SER, ser mejor hermano, ser mejor padre, mejor amigo, etcétera, y aprender nuestro propósito en la vida.

Aferrado al concepto de la felicidad que a veces es tan distinto entre los seres humanos, el Dr. Martínez nos conduce a recorrer científica y filosóficamente el camino hacia la idea de que la felicidad es el verdadero propósito en nuestra vida.

Para ello nos advierte que es necesario estar bien psicológica y físicamente, y en paz con nuestro espíritu, algo muy difícil de conseguir aunque no tan difícil de lograr, según los principios fundamentales que son: la conciencia, la percepción, los pensamientos, los sentimientos y las acciones.

Yo quiero ser feliz ¿y tú?... La tranquilidad de la conciencia es la herramienta ineludible de la felicidad, así como los pensamientos positivos, pero sobre todo nuestras acciones y el equilibrio con el ego.

Sin duda alguna, el Dr. Arodi Martínez logra una fusión de lo científico con lo espiritual, para conseguir el bienestar de nuestra mente y nuestro corazón.

De esta manera y con su toque explícitamente humano, comparte sus conocimientos trabajando como psicólogo y consejero familiar.

Lic. Yanalté Galván Kent.
CEO Lo Máximo Radio.
Los Ángeles, CA.

En lo personal, es difícil mantener un balance para poder cumplir con todo esto y ser realmente feliz, no digo que sea imposible, solo que requiere de mucho sacrificio en el camino, pero entre más grande sea tu sacrificio así será tu recompensa (algo que he podido comprobar hasta la fecha).

Este libro ayuda y te enseña lo tan importante es tener amor propio, así como cuidar la alimentación y sobre todo cuidar con quien compartimos nuestra energía. De él he aprendido tanto como del Dr. Arodi Martínez; he aprendido que para amar, querer, admirar a otra persona, primero tengo que tener ese amor por mí mismo y ¿cómo empieza ese amor propio? La respuesta está en este libro.

Nunca olvides que nosotros somos creadores de nuestro destino.

Bendiciones.

Víctor Zambrano Raygoza.
CEO Oplaai, LLC. VIZUAL, INC.
Los Ángeles, CA.

Este libro se trata de entenderse a sí mismo. De comprender lo complejos que somos como humanos y de ahí partir para mejorar y sanar. El Dr. Martínez hace un gran trabajo en simplificar conceptos complejos y bastante abstractos, para entender en realidad quienes somos, desde el cerebro hasta el temperamento y personalidad. Un libro supremamente recomendable para todo aquel que quiere reflexionar, aprender y ser feliz.

Natalia Hale.
Esq. General Counsel.
Optima Family Services.

Un libro que alimenta el espíritu y la mente. En un modo constructiva y fácil de entender, el Dr. Martínez explica la filosofía y ciencia detrás de los fundamentos de la conducta humana, y ofrece maneras prácticas y fáciles para llegar a la felicidad y a la salud física y mental. Recomendado a todo el que quiera resolver sus estados emocionales en conflicto para llegar a la paz interna.

Isabel Kluge.
Vice-President.
Optima Family Services

Estimado lector, te invito a que agarres lápiz y papel
para que tomes nota a lo largo de todo el libro de las
letras señaladas en cursiva y negrita para que develes los
mensajes secretos que hay ocultos entre estas páginas.

INTRODUCCIÓN

La recompensa de todo lo bueno que hacemos,
llegará en el momento que más lo necesitemos
y vendrá casi siempre de personas que no conocemos.
Dr. Arodi Martínez

Si te quito tu nombre y todos tus títulos (madre, padre, hijo, hija, esposa, esposo, doctor, presidente, etc.) e incluso si te quito el título de persona *y* ser human*o*, ¿me podrías decir *qui*én eres tú? ¿Sabes tú cuál es tu verdad*ero* propósito aquí en e*s*te plan*e*ta tan bello llamado tierra? ¿Qué c*r*ees que necesita una persona para poder vivir *feliz* sin dramas innecesarios, conflictos agobiantes y disfrutar de una vida plena y en paz? ¿Qué es en realidad la felicidad? ¿Es acaso cuestión de suerte o se construye día a día? ¿Cuán importante es que cada uno de nosotros aprendamos a saber quiénes somos verdaderamente? ¿Crees tú que el ser humano es una persona buena o mala por naturaleza? ¿Sabes tú cuál es el verdadero sentido de la vida? Estas son solo algunas interrogantes que giran en torno a una búsqueda primigenia que ha acompañado a la humanidad: el anhelo de una vida feliz.

La misma idea de ser felices resulta en ocasiones bastante compleja de definir y entender, cuanto más de alcanzar y resguardar. De allí, que la felicidad ha sido objeto de estudio desde todas las culturas y diferentes ramas del saber. Filósofos, científicos, psicólogos, antropólogos e incluso líderes políticos, entre otros, han indagado por siglos en ese estado tan abstracto y a la vez tan ambicionado del ser humano como lo es la felicidad.

Para el filósofo griego Aristóteles[1], la felicidad era entendida como la intención central de la vida.

Aristóteles nos conduce de este modo a un plano metafísico que trasciende incluso las circunstancias e involucra al alma y la virtud, y nos devela que la felicidad reside en lo que somos y no en lo que tenemos.

Redescubrir este concepto nos coloca frente a la idea de que ser felices es nuestro fin de vida. ¡Vaya que nos hemos perdido como humanidad al olvidar por completo que de eso se trata nuestro paso por este mundo!

Desde el punto de vista espiritual, la felicidad aparece vinculada a la relación con nuestro creador. Lo que resulta que no es mera ilusión o fantasía, sino que se manifiesta de manera concreta en el camino espiritual, no es la ausencia de dolor o sufrimiento, sino una compresión distinta de todos los aspectos propios de la existencia.

Para la psicología positiva[2], la felicidad es vista desde dos modelos conocidos como: felicidad hedonista y felicidad eudaimónica. El primer enfoque tiene que ver con la corriente filosófica que proponía "una buena vida" lo que se traduce en potenciar el placer y disminuir el dolor, concepción que

---

1 Aristóteles. (1970). *Ética nicomáquea.* Editorial Instituto de Estudios Políticos. Madrid.
2 Garassini, M. y Camilli, C. *La felicidad duradera. Estudios sobre el bienestar en la psicología positiva.* (Caracas, Venezuela: Alfa 2012).

comprime la felicidad a los momentos placenteros vividos por la persona. Por otra parte, el segundo modelo de felicidad deduce que la felicidad se relaciona con un sentido de la vida y avanza en la medida en que nos conectamos con ese propósito y con nuestro propio crecimiento personal.

En lo personal, concibo a la felicidad como un estado del ser de satisfacción tanto física, mental y espiritual, sin que dependa necesariamente de nuestras posesiones o logros. Como estado de ánimo, la felicidad no es permanente, tampoco es una quimera que solo alcanzan los seres más afortunados. Se trata más bien de sentirnos completos con lo que somos y hacemos. No es una meta, sino un camino por recorrer.

Estar feliz es básicamente estar completos.

UNA VIDA FELIZ EN TRES PASOS, ¿ES POSIBLE?

Tu mundo exterior es el reflejo de tu mundo interior.
¿Cómo está tu mundo en este instante?
¿Lleno de caos o lleno de gratitud?
T. Harv Eker

Tal vez, en algún momento has deseado o pensado en tener una vida completamente feliz. En cierto modo, puedo asegurarte que esa necesidad ha sido uno de los motivos que atrajo tu atención a este libro. Sin embargo, ¿te has preguntado alguna vez qué necesitas hacer o cambiar para ser feliz?

Si bien, como se ha escrito anteriormente, la felicidad como estado de ánimo no es algo permanente, si es un estado mental accesible para cualquiera a pesar de las circunstancias que le toque enfrentar.

En este preciso instante hay personas que se encuentran en un debate infernal, en el cual, no saben qué más hacer para poder ser felices y salir de esa vida tan sufrida que llevan. Es lamentable, pero algunas llegan a desear su propia muerte por culpa de la sociedad, de mentiras, traiciones, divorcios, separaciones o por la falta de aceptación, etc. Logran su objetivo quitándose la vida y escapando por la puerta del suicidio, sin importarles el daño que dejan atrás, ni el daño que le hacen a sus familiares y a personas que siempre les procuraron y desearon el bien en todos los sentidos.

Quizás tú conozcas a alguien que está sufriendo y pasando por todo este infierno o quizás tú que estás leyendo este libro y estés pasando por todas estas injusticias y no sabes qué hacer. Hoy te presento este libro y te hago la siguiente invitación para que te des cuenta de que todas las personas pueden y merecen ser felices. Ven y caminemos juntos; regálate esta oportunidad, la cual nos ayudará a construir juntos un mejor futuro. Y de entrada, para comenzar este maravilloso viaje, te quiero decir que a continuación vamos a ver tres pasos que te acercarán a vivir cada día en plenitud y, por lo tanto, a gozar de la felicidad en su sentido más amplio.

El primer paso está relacionado con la energía. Y es que para avanzar, sea cual sea nuestro propósito, requerimos de ese combustible vital que nos moviliza y nos despierta cada mañana. Conservar la energía no es otra cosa que evitar desgastarla con personas o situaciones que nos agobian y nos descargan emocionalmente. A esas personas problemáticas, pesimistas, negativas en extremo, se les conoce como vampiros energéticos, ya que poseen la capacidad de extraer de otras personas su energía y llevarlos a un nivel de toxicidad.

Protegerte de este tipo de personas tóxicas no te hace egoísta o despreocupado, sencillamente es un mecanismo de defensa. Todo aquel que quiera utilizarte como un recipiente para vaciar en ti sus problemas, preocupaciones, angustias, miedos, sin que esté dispuesto a escuchar tus palabras de apoyo, o a tomar decisiones para cambiar su situación, simplemente no merece tu atención. Permitir ese círculo vicioso hará que ambos caigan en la misma rutina problemática, totalmente desgastados. Recordemos que las personas tóxicas existen y por eso es de vital importancia alejarnos de ellas sin importar qué rango o posición ocupen en nuestras vidas.

Otra manera de perder la energía es la exposición excesiva a las noticias. El estar sometidos a esa ráfaga constante de todo el caos que está sucediendo afuera obliga a la mente a enfocarse en lo negativo y en la realidad que afecta a todo el mundo. En consecuencia, el mundo interior también es percibido como un permanente caos. Se convierte entonces en un ciclo sin fin: nos angustiamos permanentemente y proyectamos eso en nuestro entorno. Y como resultado la energía desciende sin freno. Desconéctate a ratos de las redes sociales, del bombardeo de información negativa que allí circula, y podrás notar un importante cambio en tu día a día.

El enojo, la ira o mantener un temperamento demasiado colérico también es detonante para que nuestra energía se vaya a pique y nos descarguemos emocionalmente. Como dice mi amiga y colega Myrna Salomón, es importante que "respiremos profundo y dejemos que se disipe la rabia pensando en lo importante que es conservar la energía para la felicidad".

Ahora que ya hemos hablado de los principales focos de descarga, es necesario apuntar las cosas que podemos hacer para elevar nuestra energía. Básicamente, es vital enfocar nuestra atención y tiempo en todo aquello que nos apasiona, que nos llena de paz el corazón.

Esto aplica tanto para el trabajo como para cualquier actividad o relaciones que entables en tu vida. Un trabajo te puede robar la energía o, por el contrario, te puede otorgar muchísima felicidad. Dejar de ser felices o poder ser felices es también una cuestión de decisión.

Recordemos que nuestro fin y lo más valioso que tenemos en nuestra vida es ser felices. Aprender a decir que no también será de gran utilidad para reservar tus energías. Es necesario que seamos capaces de establecer límites, incluso con nuestra familia, con todo el respeto que se merecen. Incluye también aquellos casos en los cuales muchos hijos aún no han cortado su cordón umbilical emocional. Esto trae como consecuencia que algunas madres, de forma inocente o inconsciente, sobreprotejan demasiado a sus hijos, provocando de esta forma miedos e inseguridades en ellos. Y la razón es porque después no saben cómo tomar una decisión en sus vidas por miedo a equivocarse y algunos de ellos ya están casados y ya tienen sus hijos, quienes no se dan cuenta de que ahora ellos como padres les están influenciando de forma directa abriendo así un círculo vicioso. Entonces esta es una regla general —y por qué no decirlo de forma universal—, que si algo no nos trae paz o nos frustra no tenemos por qué hacerlo. Se trata de respetarnos a nosotros y protegernos. No todo el tiempo necesitamos ser para todos.

Con esas energías a mil y sabiendo que debemos cuidar su nivel, es hora de dar el siguiente paso. Se trata de un buen y reparador descanso.

El sueño saludable, además de ser placentero, propicia ese estado mental de paz interior y aporta grandes beneficios para nuestro organismo tales como:

1. Reduce la depresión.
2. Mejora la memoria.
3. Nos protege de un ataque al corazón.
4. Eleva la calidad de nuestra salud al permitir que nuestro sistema inmune se regenere.
5. Nos ayuda a perder peso, ya que los problemas de insomnio afectan las células grasas y la hormona del apetito (leptina).
6. Estimula nuestra imaginación, nuestra creatividad.

Hay personas que no necesitan dormir 8 horas para alcanzar un sueño reparador, y con tan solo 4 horas de sueño pueden reponer su energía. Esto varía de acuerdo con el estilo de vida y hábitos que mantengan. Por ejemplo, un individuo que se alimente saludablemente, que haga ejercicios, medite y tenga periodos de descanso activo de hasta 20 minutos en su jornada diaria, pudiera conseguir un óptimo descanso durmiendo tan solo de 4 a 6 horas. Sin embargo, hay quienes necesitan dormir obligatoriamente 8 a 10 horas para no sentirse agotados, pesados y sin energía durante el día.

Entre los beneficios del sueño mencionamos que un buen descanso nos ayuda a reducir la depresión. Esto se debe principalmente a que cuando dormimos, se facilita la producción de melatonina y serotonina. Estas hormonas equilibran los efectos de las hormonas del estrés (adrenalina y cortisol) y, en consecuencia, nos motivan a ser más felices. La falta de sueño, por el contrario, provoca una liberación aumentada de las hormonas del estrés.

Sin duda, una actividad como dormir puede salvarnos de una vida llena de caos y estrés. Recuerdo, hace muchos años, haber leído un artículo de la Universidad de Harvard, en el cual se detallaban los resultados de un estudio del año 2007, cuya conclusión determinaba que aquellas personas que solían dormir hasta media hora después del almuerzo presentaban menos estrés, tenían mejor memoria y se sentían más felices que aquellos que no lo hacían.

Y a propósito de esos resultados y de la importancia que tiene la serotonina, ese neurotransmisor que juega un papel importantísimo en el estado de ánimo, las emociones, el apetito y la digestión, es propicio hablar del lugar donde ocurre la magia de su distribución: el sistema digestivo. De esta manera conectamos con el tercer paso: una alimentación saludable.

La alimentación y su importancia para llevar una vida feliz son indudables. Estudios recientes demuestran que existe una relación directa entre nuestro estilo de vida alimenticio (dieta) y el estado de ánimo. Llevar una correcta alimentación tiene incidencia en nuestra conducta. Posiblemente, lo sabías o lo has experimentado, cuando nos alimentamos mal, estamos con la energía por el suelo, nos sentimos con muchísimo sueño y resulta complicado disfrutar de nuestro día a día.

Podemos decir que en la punta del tenedor está nuestra felicidad o como dice el viejo adagio: "Somos lo que comemos". Por lo tanto, si estamos consumiendo comida chatarra, nuestros pensamientos y emociones serán como la chatarra. Y se convierte en una cadena que nos lleva a una vida de desbarajustes.

Nos apegamos a patrones poco saludables tanto mental como físicamente. El pan, por ejemplo, es parte de esos patrones que repetimos sin cesar. Yo llamo pan a: Pensamientos Automáticos Negativos, jugando con las letras que componen la palabra; pero, a su vez, con la intención de definir lo que producen las harinas procesadas en nuestro organismo y en nuestra salud mental.

Si queremos disminuir los niveles de depresión, dolores de cabeza, ansiedad y de pánico, una de las mejores recomendaciones es disminuir el pan. Con ello me refiero a todas las harinas refinadas. Este simple cambio en la dieta nos ayudará a tener una mente mucho más despejada y un cerebro mucho más grande, es decir, en óptimas condiciones.

Estos serían los tres pasos fundamentales o los tres pilares, dependiendo de cómo lo queramos visualizar, para una vida feliz: energía, sueño reparador y alimentación saludable. Indudablemente que la felicidad no se reduce únicamente a estas tres veredas, tampoco quiere decir que hacerlo todo al pie de la letra nos hará automáticamente personas felices.

Lo cierto es que si hay un desbalance en esos tres pilares podemos ver afectada nuestra calidad de vida y, por ende, no habrá cabida a esa sensación de plenitud. Imagina por un momento cómo voy a estar con mi energía al 100 % si no he dormido lo suficiente, o cómo voy a poder dormir bien si no he comido durante el día más que comida chatarra, o cómo me sentiré feliz al día siguiente si no le he permitido a mi cuerpo reponerse y producir suficiente melatonina y serotonina.

Es absolutamente posible reconfigurarnos el modo de ser feliz, y aquí en este libro ya tienes tres pasos adelante para iniciarlo. En los siguientes capítulos encontrarás herramientas sencillas, prácticas y efectivas para optimizar esos tres pilares que acabamos de describir.

A lo largo de este libro iremos desglosando los aspectos más importantes de la conducta humana, desde el punto de vista psicológico, antropológico y holístico. Ampliaremos ese panorama a través de ejemplos concretos y de situaciones que pudieran ser familiares. También proporcionaremos ejercicios que puedan servir para comprender aspectos complejos a partir de tus propias circunstancias.

No pretendo de ningún modo que estas páginas sustituyan la atención personalizada de un profesional de la salud física y mental. Todo lo contrario, mi deseo es que al finalizar la lectura puedas contar con el conocimiento y las herramientas suficientes para iniciar un proceso terapéutico de la mano de un psicólogo o un especialista de tu preferencia.

CAPÍTULO 1

LOS 5 FUNDAMENTOS DE LA CONDUCTA HUMANA

*La recompensa de todas
las cosas malas que hacemos
llegará en el momento menos esperado.*
Dr. Arodi Martínez

¿Qué hay detrás de nuestras acciones o de nuestro comportamiento? ¿Por qué estas ganas de llorar que no puedo explicar? ¿Por qué siempre respondo de la misma manera? ¿Por qué me cuesta tanto terminar las cosas que inicio? ¿Por qué me cuesta tanto ser ordenado? ¿Por qué mi hijo es tan desafiante? Todo lo que hacemos o dejamos de hacer tiene una motivación o múltiples motivos. Y pudiéramos acercarnos a su comprensión a partir de los 5 fundamentos de la conducta humana. Estos serían:

1. La conciencia
2. La percepción
3. Los pensamientos
4. Los sentimientos
5. Las acciones.

Estos cinco fundamentos surgieron como resultado de una clasificación muy personal, basándome de forma práctica y sencilla en la teoría psicoanalítica de Sigmund Freud y en la teoría del conductismo de Burrhus Frederic Skinner como parte de la psicología humanista. A través de la experiencia adquirida en mi consultorio, he tenido la oportunidad de llegar a la conclusión de que la conducta humana se puede fundamentar desde el momento en que empezamos a conocer nuestro mundo interior y exterior por medio de nuestros sentidos con base en las experiencias que hemos vivido en este mundo de la dualidad entre lo bueno y lo malo.

Veamos uno a uno cómo funcionan y, a su vez, qué tipo de relaciones tienen entre sí y su influencia en nuestra forma de reaccionar ante las circunstancias.

La **conciencia,** de acuerdo con el *Diccionario de la lengua española,* es una palabra proveniente del latín *conscientĭa,* y esta reproducción del griego συνείδησις *syneídēsis* que significa:

> Conocimiento del bien y del mal que permite a la persona enjuiciar moralmente la realidad y los actos, especialmente los propios. / Sentido moral o ético, propios de una persona. / Conocimiento espontáneo y más o menos vago de una realidad. / Actividad mental del propio sujeto que permite sentirse presente en el mundo y en la realidad.

Nos ceñiremos a la definición de la conciencia como el discernimiento entre el bien y el mal de acuerdo con un sentido ético que es particular en cada individuo y que se construye a lo largo de nuestra vida.

Muchos científicos se han dado a la tarea de investigar e identificar dónde reside la conciencia. Algunos concuerdan en relacionarla con la mente. Obviamente que, los juicios, como forma de pensamiento, se generan en la mente; sin embargo, esa capacidad de discernir no es propiamente un órgano o un sistema. Tampoco se puede tocar, ni medir, no tiene una ubicación específica porque no la podemos observar, a diferencia de los pensamientos que pudiéramos verlos como descargas eléctricas en el cerebro.

La conciencia es algo abstracto que no posee un área concreta de nuestro cuerpo, por lo que resulta un objeto difícil de aprehender. Todavía hay mucha tela que cortar, muy poca información respecto a lo que viene siendo la conciencia, desde el punto de vista biológico y científico.

Sin embargo, desde un ámbito metafísico la conciencia está ligada de forma básica y esencial a nuestra parte espiritual, que no tiene que ver necesariamente con una religión en particular. Desde este punto de vista, aunque no la podemos ver o palpar, sí la podemos escuchar. Es esa voz silenciosa interna que nos dice lo que sí y lo que no nos conviene, que nos guía hacia algo correcto o incorrecto, aunque nunca hayamos leído o escuchado juicios en torno a determinadas acciones.

Esa voz interna silenciosa que en ocasiones se ve apagada por el ruido de otra voz que también tenemos internamente y que se le conoce como la voz del ego, la cual es mucho más fuerte porque está constantemente hablando, apabullando en ocasiones a la conciencia.

El ego nos habla desde el futuro o desde el pasado. Es la voz de la queja y de la angustia. Desde el punto de vista psicológico esto podría ocasionar que una persona sea víctima de la ansiedad al estar pensando constantemente en su futuro, o también podría caer en la depresión al estar constantemente pensando en el sufrimiento o añoranza de su pasado.

En este sentido, quiero aclarar que cuando hablamos de las memorias de nuestro pasado, la mayoría de las personas comenzamos a almacenar recuerdos aproximadamente a partir de los 3 o 4 años de edad. Esto se ha podido descubrir gracias al estudio biológico del hipocampo. Científicos de la Universidad de Harvard han podido estudiar a profundidad esta área del cerebro, dando como resultado que alrededor de los 8 y 12 meses de edad inicia un espectacular periodo de maduración, en el que aumentan ciertas regiones del cerebro, como el lóbulo frontal y el hipocampo, partes que se encuentran implicadas en la memoria. Estos datos, expuestos en la revista científica *Nature*, indican que el crecimiento del cerebro está relacionado con las habilidades de la memoria.

Entonces recordemos que en nuestro interior se libran batallas campales entre estas voces, en las cuales nuestras memorias muy seguramente estarán presentes. Aunque la voz de nuestra conciencia sea más tenue que la del ego, resulta la principal guía del comportamiento final del ser humano.

Se sabe que la conciencia se configura a través de lo que son los eventos en la vida, no solamente lo que vamos haciendo, sino también lo que nos van haciendo a lo largo de nuestro desarrollo como ser humano. Conforme vamos creciendo, adquirimos un nivel de conciencia que será el hilo conductor de nuestro accionar. Visto de otra manera, la conciencia funciona como el piloto que lleva el control de nuestras acciones.

La conciencia a lo largo de nuestra vida va a ser trastocada, manipulada, reconfigurada por factores externos. También, pasamos por distintos estados de conciencia. Freud distinguía tres niveles de conciencia: consciente, preconsciente e inconsciente-consciente. De forma práctica y sencilla podríamos decir que es como tener una conciencia despierta, o una conciencia dormida e inclusive estados alterados de conciencia. Estos últimos estados de conciencia se pueden balancear psicológicamente a través del *mindfulness*, atención plena o meditación. Más adelante describiremos esta herramienta con lujo de detalles. También podemos ver cómo se afectan la mente y la conciencia cuando aplicamos la química, es decir, drogas que actúan directamente en el sistema nervioso y pueden alterar la conciencia del individuo.

Luego de un gran número de experimentos dedicados al estudio de la conciencia, en la actualidad podemos hablar de al menos dos capas de la conciencia: consciente e inconsciente. Se le conoce como procesamiento dual al proceso de recopilación de información desde estos dos estados de conciencia.

Para explicarlo de manera sencilla, estos niveles de la conciencia trabajan de la siguiente manera: vemos una taza y nuestro consciente dirá: "Una taza"; mientras que nuestro inconsciente sacará mucha más información: color, tamaño, memorias en torno a ese objeto, sentimientos hacia el café, por ejemplo.

Afortunadamente, hay una suerte de selección en todo aquel procesamiento y vamos escogiendo entre un millar de estímulos a la par que omitimos lo que no nos sirve. Sino, imagínense a dónde iría a parar nuestra atención con todo lo que se despierta con cada objeto o situación.

Resulta sumamente interesante conocer también que hay factores genéticos que van a influenciar de forma directa o indirecta en la conciencia del individuo. Un estudio realizado en la Universidad Penn State[3], en Estados Unidos, ha revelado que es posible que los niños hereden características morales de sus padres. Este interesante hallazgo de la ciencia nos demuestra que, aunque como cuidadores queramos ayudar a nuestros hijos a ser responsables y moralmente correctos, también existe un factor genético subyacente que influye en estos rasgos.

Claro que esto no significa que, si los padres son responsables, como por arte de magia, sus hijos también lo serán sin que afecte su crianza. Concluye más bien que los niños heredan una tendencia a comportarse de una manera particular. No hay una determinación irrefutable sino un potencial.

Hay individuos que parecen tener una conciencia dormida. Pensemos, por ejemplo, en los asesinos seriales, sujetos que no muestran rasgos de arrepentimiento bajo ninguna razón o metodología. Para ellos no existe el discernimiento entre lo incorrecto o lo correcto y no son capaces de dar una clasificación a sus actos. Actúan por impulso, sin sentido moral o ético. Esto se debe a que, ante la agresividad, la amígdala hiperreactiva estimula toda la zona de resultados impulsivos "y eso hace que se bloquee la comunicación con el glóbulo prefrontal, con la corteza prefrontal y esto es lo que hace que un asesino en serie no procese de manera consciente sus reacciones", según nos detalla el neuropsiquiatra Heriberto Peña.

---

3 A. M . (2019). Behavior Genetics ."Did I Inherit My Moral Compass? Examining Socialization and Evocative Mechanisms for Virtuous Character Development". Consultado en: https://doi.org/10.1007/s10519-018-09945-4.

Aun cuando la conciencia esté más relacionada con el plano sutil o espiritual, nuestros pensamientos pueden alterarla, y viceversa. Por ejemplo, no puedo decir que tengo una conciencia tranquila cuando mis pensamientos están enfocados en hacer daño o actuar con maldad. Asimismo, no puedo afirmar que mis pensamientos son de paz cuando no puedo dormir por las noches por un sentimiento de culpa que me atormenta.

Si mi conciencia está en armonía, la percepción de la realidad será concordante con ese estado de conciencia; por ende, mis pensamientos generan cosas positivas en torno a esos sentimientos de querer disfrutar. La acción o consecuencia es vivir plenamente. Todo lo contrario, si mi conciencia está aturdida, la percepción es negativa y por ende los pensamientos serán negativos, desencadenando sentimientos de ansiedad, nerviosismo, angustia y por consecuencia el comportamiento estará en sintonía con esas emociones.

De esta manera, llegamos a otro de los fundamentos de la conducta: la percepción que es todo aquello que conozco a través de mis sentidos, incluyendo el sexto sentido que la mayoría de nosotros conocemos la intuición. Muchos de mis pacientes me preguntan a veces: "Doctor Arodi, ¿y cómo sé si lo que estoy intuyendo es correcto?". Bueno, más adelante te contaré la respuesta a esta interesante pregunta.

Entonces, otra pregunta que surge basada en la percepción es: "¿Puedo formar una fotografía de la realidad a través de mi percepción?". La respuesta es sí, porque es esta la que me va a ayudar a ver, pensar, sentir y actuar. La percepción es mi mundo externo, siendo atraído a mi mundo interno.

Dependiendo del nivel de la conciencia es cómo se va a proyectar o interpretar la percepción, y voy a dilucidar el mundo que me está rodeando. Por ejemplo, dos amigas pueden ir juntas a una fiesta y cuando les pregunten: "¿Qué tal estuvo la fiesta?", una de ellas podrá responder que "estuvo fenomenal, la organización, la música y el despliegue de luces"; mientras que la otra amiga podrá afirmar que "estuvo aburridísimo, el sonido fatal, y no me gustó para nada". ¿Qué marcó la diferencia si compartieron el mismo espacio y el mismo contexto? Pues su percepción[4]. Una lo interpretó más consciente de la organización y calidad del sonido, mientras que la otra redujo su experiencia a lo aburrido y desordenado que fue todo.

La percepción puede variar de una persona a otra de acuerdo con su nivel de conciencia, pero también debido a sus experiencias de vida, a sus pensamientos, a sus emociones; de allí que los 5 fundamentos estén en permanente correlación.

Los **pensamientos**, otro de los fundamentos de la conducta humana, van a ser generados por la mente[5]; sin embargo, se materializan como pequeñas descargas de

---

4 Justamente, uno de los debates que mantiene la comunidad científica es quién domina a quién en cuestiones de la mente. ¿El cerebro al pensamiento, o viceversa? Hasta ahora se vislumbra como un eterno dilema que nos recuerda la pregunta que nos hacen de niños: ¿quién fue primero el huevo o la gallina?

5 La mente es otro concepto abstracto e inaprensible. No es un órgano como tal, aun cuando los pensamientos generen descargas eléctricas en el cerebro, no podemos simplificar mente y cerebro como sinónimos. Aunque algunos de mis pacientes me refutan y me dicen: "Doctor Arodi, yo siento que la mente está aquí, por este lado y en esta área que conocemos como la sien, que es donde yo estoy pensando constantemente". La mente es mucho más que eso, no tiene un lugar específico, es decir, no hay coordenadas para definir el lugar que ocupa.

electricidad en nuestro sistema nervioso, que se traducen en millares de descargas a lo largo de nuestra vida.

Para que tengamos una mejor idea desde el punto de vista científico-clínico nos podemos dar cuenta de que un cerebro adulto contiene aproximadamente 100 000 millones de neuronas y hay que cuidarlas. Y, por el contrario, la médula espinal solo tiene aproximadamente 13 500 millones de neuronas en toda su longitud, por lo que hay que cuidarla aún mucho más. Por esta razón es que algunos estudios científicos reportan que tenemos 60 000 pensamientos al día, y para nuestro pesar la mayoría de ellos son negativos, repetitivos y están relacionados con el pasado. Otros estudios científicos nos dicen que una persona común por lo general tendrá más de 6 000 pensamientos en un solo día, según sugiere una investigación nueva sobre el cerebro humano. La estadística proviene de un equipo de expertos en psicología de la Universidad de Queen en Canadá, quienes dicen que han desarrollado una manera nunca antes vista de detectar cuándo termina un pensamiento y comienza otro, como lo describieron en un artículo publicado en *Nature Communications*. El proyecto académico fue encabezado por Jordan Poppenk, del Departamento de Psicología, y la estudiante de maestría Julie Tseng.

Entonces, como podemos ver, este es un proceso bioquímico, que se produce en ese órgano maravilloso que es el cerebro, y nos revela que la posibilidad de que el cerebro estimule a la mente es mayor. De manera que, como respuesta a esa descarga eléctrica, la mente regresa esa información enviando al cerebro órdenes apropiadas para que active al resto del cuerpo químicamente, con ayuda de nuestros neurotransmisores, que ahora sí se convierten en una parte que se puede ver, palpar y medir de muchas formas.

Todo lo que existe ha sido pensado previamente, así que el pensamiento también se traduce en hechos y acciones. Nuestra realidad, antes de ser, fue mentalizada. Por ejemplo: tú antes de hacer algo ya lo habías hecho (pensado) en tu mundo de la mentalización y en el momento en que lo pones en acción en tu mundo real (exterior) entonces se convierte solamente en una repetición de lo que tú ya te habías mentalizado o visualizado haciéndolo. Algunas personas le llaman también mundos paralelos o energía cuántica.

Espero no haberte confundido con el párrafo anterior. Todo lo que deseo compartir contigo es la idea de que no es posible dejar de pensar y que lo que pensemos tiene un poder inimaginable. Tanto es que muchas veces no nos damos cuenta del cómo. Es posible que te haya sucedido alguna vez que tan solo al pensar en alguien con intensidad, has recibido una llamada o un mensaje de texto de esa persona, y por eso es tan común cuando, de repente, nos dicen o le decimos a la otra persona frases como: "Justo estaba pensando en ti ahorita que me llamaste", o "te llamé con el pensamiento", o "no te vas a morir tan pronto, porque justo estaba pensando en ti". El pensamiento es un proceso constante y permanente, esencialmente porque se trata de una respuesta neurológica a través del sistema nervioso. Lo que eventualmente podemos hacer es seleccionar en qué pensamos o controlar la velocidad en que esos pensamientos se concatenan. El poner la mente en blanco para meditar es un mito que ha sido desmontado. A través de la práctica meditativa no erradico los pensamientos, a lo que puedo llegar es a un estado en el que dejo pasar los pensamientos que van llegando sin juzgarlos, ni calificarlos. Los pensamientos que vienen de manera consciente los puedo percibir y así como llegan, así los dejo ir. Por cierto, ¿sabías que una emoción nos llega de forma inconsciente y que solamente dura aproximadamente 90 segundos y luego desaparece? Y la razón es porque la emoción desencadena una serie de cambios neuroquímicos en una zona de nuestro cerebro llamada sistema límbico. Los ingredientes de estas sustancias varían, dando como resultado las diferentes emociones; estos se mezclan con nuestra sangre recorriendo todo nuestro cuerpo y provocando los cambios fisiológicos que comentamos antes.

Sin embargo, el tiempo que tarda esta sustancia en ser metabolizada, es decir, en desaparecer por completo de nuestro torrente sanguíneo es de tan solo 90 segundos. Por eso es importante que cuando te sientas triste, con miedo, con alegría, con rabia, sorprendido o te sientas con asco, lo mejor es no responder al caos de tu mente y busca algo que logre distraerte y que posea un valor mayor de atención de lo que te está haciendo sentir emocionalmente agobiado. Porque de lo contrario se convertirá en un sentimiento, el cual puede durar mucho más tiempo de lo normal y la razón es porque se convierte en parte racional del córtex cerebral.

Otro mito en torno al pensamiento es que podemos tener más de un pensamiento a la vez. Esto no es posible. Para demostrarlo te invito a que pienses en un momento muy feliz y lo recrees en un pensamiento. Imagínalo. Ahora, mientras piensas en eso, repite tu número de teléfono en voz alta de dos dígitos en dos dígitos, empezando por el último número de derecha a izquierda, hasta llegar al primero. ¿Qué sucedió? Se fue la imagen de nuestro momento feliz, ¿cierto? Pasamos a organizar nuestro número telefónico. Es así como funciona, nuestro cerebro no puede pensar en dos cosas a la vez, la velocidad en que se generan los pensamientos es en ocasiones tan vertiginosa que creemos estar pensando en varias cosas simultáneamente, pero no es permisible. Hay una selección de pensamientos y una jerarquía que podemos llegar a controlar.

Los pensamientos están en correlación con nuestra percepción y esta a su vez se fundamenta en lo que es la conciencia. ¿Por qué estoy pensando en una misma cosa repetitivamente? ¿Por qué hay pensamientos rumiantes? ¿Por qué después de una discusión sigo pensando en la misma una y otra vez? ¿Por qué me quedo anclado en "hubiese hecho o dicho" esto y lo otro, si ya sabemos que el "hubiese" no existe?

En parte se debe a que los pensamientos son producto de mi percepción y si mi percepción está cegada por la ira, por la confusión, por la frustración de no haber actuado como deseaba, se va a seguir produciendo la misma respuesta y el cerebro activará los mismos procesos bioquímicos y por ende el mismo pensamiento viene una y otra vez.

Es como un circuito: ciertas descargas eléctricas van a generar ese pensamiento y, una vez que se formule, regresa y estimula las mismas áreas del cerebro y así puede permanecer hasta que de manera consciente se detenga. Este circuito rumiante estimula nuestro sistema límbico, conocido también en psicología como el cerebro mamífero, que compone la segunda capa de nuestro cerebro, y lo veremos en detalle más adelante.

En gran medida nuestros pensamientos establecen cómo nos sentimos y cómo procedemos. Si bien no es una relación de la que estamos conscientes, los pensamientos condicionan nuestro estado emocional. Veamos un ejemplo de una situación cotidiana:

Primera hora de la mañana el esposo se levanta, se sirve café y mantiene su atención en el celular, distraído, olvida dar los buenos días a su esposa.

Pensamiento 1 de la esposa: "No pasa nada, seguramente está resolviendo un pendiente de la oficina". Emociones derivadas: tranquilidad, bienestar, no le afecta de forma negativa.

Pensamiento 2 de la esposa: "¡Qué grosero! Seguro está hablando con la otra. Ya me buscaré a alguien más con quien desquitarme". Emociones derivadas: enfado, rabia, frustración, odio.

Pensamiento 3 de la esposa: "Estoy gorda y ya no quiere verme, ni siquiera puede acercarse a dar los buenos días porque le doy asco". Emociones derivadas: tristeza, miedo, incertidumbre, culpa.

Con esta situación cotidiana ilustramos la interconexión entre pensamientos y emociones. Depende de ese diálogo interno la respuesta emocional que una situación nos desencadene y, a su vez, todo esto se verá reflejado en nuestro comportamiento. Es así como llegamos a la siguiente interconexión entre fundamentos y es hora de hablar de **sentimientos.**

Aunque por cultura general creemos sentir con el corazón, nuestras emociones más profundas y sentimientos más intensos habitan en el sistema límbico, un área de nuestro cerebro que se encarga de regular nuestras emociones. Es el freno de nuestro piloto por decirlo de otro modo.

El sistema límbico[6] lo compone un grupo de estructuras del encéfalo que dirigen las emociones y el comportamiento instintivo. Integrado particularmente por el hipotálamo, la corteza orbitofrontal, el hipocampo y la amígdala; estos últimos están a su vez involucrados en la formación de la memoria a largo plazo y se asocian muy de cerca con el sentido del olfato.

La amígdala también cumple una función muy importante a la hora de enfrentarnos al peligro, por ejemplo, nos permite decidir entre afrontar o huir de una situación peligrosa. Es en esa minúscula zona del cerebro en donde se da ese debate y casi siempre esta reacción ante el peligro se da de forma automática, es decir, sin ninguna iniciativa consciente, debido a esa descarga de hormonas de cortisol conocido también como hormona del estrés.

Un claro ejemplo de ello lo podemos encontrar en esos vídeos aparentemente graciosos, en los que las personas son sorprendidas con bromas pesadas que las hacen saltar y correr aterradas por un presunto peligro o por un sonido fuerte. Muchas personas se ríen a carcajadas al ver la reacción

---

6 Si se necesita más información al respecto, se puede consultar en: www.medlineplus.gov.

de huida que es totalmente natural, porque en muy raras ocasiones los sujetos sorprendidos por ese tipo de burlas se enfrentan al peligro de manera simultánea.

Nuestras emociones y sentimientos, que tanto condicionan nuestra felicidad, a fin de cuentas, no existen, porque no son permanentes y al no serlo son efímeros, perecederos, no los puedo asir. Es como el arco de colores que se forma en el horizonte, una ilusión, producto de la combinación entre la lluvia y el sol. Pero no es real, aunque tenga muchos colores, no lo puedo tocar, no tiene cuerpo ni densidad, pero evidentemente tiene un efecto momentáneo y fugaz.

La parte emocional viene siendo nuestro arco de colores que le da los matices a nuestro entorno, le da significado a las cosas, pero no tangible como la lluvia o el sol. A través de nuestras emociones una planta puede dejar de ser un objeto y convertirse en las manos de nuestra madre al regarlas, y despertar sentimientos de ternura y amor. Nos permite darle matices y resignificar las cosas.

Cuando hablamos del sistema límbico debemos tener mucho cuidado con las emociones[7]. Pueden ser un arma de doble filo y debemos cuidar nuestras decisiones bajo sus efectos. Por ejemplo, cuando me siento muy feliz no debería tomar medidas importantes porque en un arrebato de felicidad puedo darlo todo y quedarme con las manos vacías. Por el contrario, cuando estoy enojado tampoco debería tomar una decisión porque puede que lo destruya todo y haga pedazos

---

7 Las emociones van cambiando, se mezclan, se fusionan, van transformándose todo el tiempo. De hecho, el lóbulo frontal se termina de desarrollar a los 25 años, de allí que las decisiones que toma un individuo antes de los 25 no siempre son las más apropiadas.

mi vida para liberar ese enojo. Y es que, si mis pensamientos son de ira, la parte química que se va a generar a través de mi sistema límbico me hará sentir fuerza en los brazos, suficiente para repartir golpes o aventar cosas, sin darnos cuenta de que también estamos dañando a nuestro cuerpo por causa de la ira, la cual hace que el hígado segregue un líquido conocido como bilis y aumente las posibilidades de desarrollar cáncer.

Las emociones también están ligadas a esa capacidad de almacenar información en nuestro hipocampo, el cual forma parte de nuestro sistema límbico en el cerebro; a este proceso lo conocemos como memorias. La cual se clasifica de acuerdo con distintos parámetros, como —por ejemplo— según el tipo de contenido que guarda: memoria semántica, episódica, instrumental, fotográfica y tipográfica; o según su duración: memoria sensorial, a corto plazo, a largo plazo. Pudiéramos mencionar otras tantas, pero nos desviaríamos de lo que ahora nos ocupa.

Esta increíble biblioteca de episodios a la que accedemos en forma de impulsos nerviosos es uno de los mayores misterios de la ciencia. Tanto neurólogos como psicólogos continúan trabajando para acercarse a comprender qué ocurre con nuestros recuerdos, es muy complejo aún, pues la información que almacenamos es tan diversa como la cantidad de individuos que hay en el mundo.

Lo que sí se sabe hasta ahora es que el 75 % de nuestra memoria son mentiras con un componente de verdad, son invenciones que recreamos para completar esos fragmentos que se van almacenando como pequeñas piezas de un gran rompecabezas. Según indican los resultados de un estudio realizado por el Instituto de Investigación Biomédica de Bellvitge (IDIBELL) y la Universidad de Barcelona, que publica *The Journal of Neuroscience*.

"Hay que dejar claro que no se trata de un proceso patológico, todos generamos recuerdos falsos", explica Lluis Fuentemilla, investigador del IDIBELL. Puede ocurrir, sobre todo, con recuerdos de situaciones vividas durante la infancia.

Hay un experimento que se trata de mirar la siguiente imagen por un minuto:

Luego enfoca tu mirada en una pared. Tu mente hará que trates de completar la fotografía con un fragmento que no existe, pero que lograrás recrear para dar forma y sentido con sus propios archivos almacenados como memoria.

Cuando un individuo trata de recordar algo muy traumático, caótico o severo, el impacto de ese momento y el *shock* nervioso que causa, activa en el cerebro un modo de supervivencia y bloquea muchos detalles. Es por eso que un detective se enfoca más en el relato de los testigos y no tanto en el de la propia víctima, porque sus recuerdos estarán alterados. Aunque haya una estrecha relación entre la parte emocional y la memoria, no todo lo que recordamos es real, un 75 % va a tener discrepancia. Así que fundamentamos parte de nuestras emociones en una ficción.

Veamos un ejemplo, una persona cuya infancia haya sido muy sufrida y tenga una percepción fundamentada en sus recuerdos que al día de hoy son de carencia, añoranza, infelicidad, vacío, abandono, etc. Prevalece en ese caos, pero resulta que ese proceso que cree que vivió en un 75 % es ficción. En ese porcentaje de realidad que bloqueó seguramente hay momentos significativos: un sabor, un olor, un abrazo, una travesura, en fin, detalles que han sido suprimidos. Si podemos verlo de esta manera, podemos ser capaces de trascender esos pensamientos de infelicidad.

No se trata de desmentir o anular el sufrimiento que esta persona haya podido experimentar en su niñez, sino más bien se trata de ampliar su campo de visión, entendiendo que hay recuerdos positivos que fueron suprimidos por considerarse menos significativos para su desarrollo. Siempre habrá un porcentaje de recuerdos que se bloquean y que si nos quedamos atrapados en lo negativo no podremos revivir o sentir.

Por diversos factores como la alimentación puede que tengamos cierta tendencia a enfocarnos en lo negativo de las cosas, y veamos solo aquello que nos falta o no tenemos. Repetimos constantemente frases como, "No puedo ser feliz", "No tengo suerte en el amor", "Tanto que yo doy y siempre me traicionan", etc. Esas afirmaciones se van convirtiendo en recuerdos y desde nuestra memoria proyectamos y actuamos en función de que siempre debe ser así y si hacemos las mismas cosas, obviamente obtenemos los mismos resultados una y otra vez.

Las **acciones** o el **comportamiento** es lo que se activa con el propósito de lograr algo. Es el fundamento que resulta de la interconexión del resto, es la punta del *iceberg*, lo que vemos y sentimos más cercano, pero que deriva de nuestra conciencia, percepción, pensamientos y sentimientos.

Es el grito, el golpe, el arrebato que viene precedido de un antecedente que activa dicho comportamiento. Veámoslo en una situación cotidiana:

Se trata de un padre de familia que tiene un perro de mascota, pero a quien le molesta que al llegar del trabajo el perro le brinque encima para saludarlo, por lo que espera que el cachorro esté encerrado en el patio a la hora en que regresa. Resulta que al llegar a casa el perro está suelto y acto seguido se le lanza encima ensuciándole la camisa. Este hecho hace disgustar al padre, quien comienza a discutir, insultar, lanza la puerta, y genera una situación de tensión que tuvo como antecedente que el perro estuviera suelto a su regreso a casa. Si el padre reconociera este hecho como el antecedente podría evitar el comportamiento que le sigue, de pronto haciendo una llamada y recordándole a su hijo que lleve al perro al patio. O sencillamente, solicitando que no se repita sin extrapolar la ira y afectar la hora de cenar, comer mal y disgustado, por ende no lograr descansar bien en la noche y despertar con muy poca energía al día siguiente.

Podemos romper con esos comportamientos que no están dando buenos frutos en nuestro hogar o en nuestro espacio laboral simplemente optando por la armonía, es decir, que nuestras acciones y reacciones procuren la concordia de ambas partes. Podemos hacerlo a través del refuerzo positivo, por ejemplo, si lo que quiero es lograr superar un círculo vicioso que me mantiene en una relación de abuso, debo visualizar la vida y los sentimientos de paz que me traerá salir de esa relación. Y por supuesto, ser lo suficientemente egoísta para anhelar ser feliz. Otros refuerzos positivos son salir a caminar por un parque, hacer algo que disfrute, correr o subir una montaña, ir al cine o a un concierto porque me da paz y si yo estoy bien todos los demás se sentirán bien a mi lado.

Se trata de poner en una balanza lo que a mí me conviene y lo que no, para que todos estemos en la misma sintonía. Nuestro objetivo debe estar enfocado en crear conexiones y no apegos emocionales. El apego es todo aquello que me produce sufrimiento, mientras que la conexión es aquello que produce crecimiento y nos motiva a ser mejores como persona. A partir de estas nociones nos toca definir si nuestras relaciones están basadas a una conexión o al apego. Este ejercicio aplica tanto para trabajo, amistades, pareja con el fin de ir estableciendo relaciones saludables y nutritivas.

Las interrogantes que todos deberíamos hacernos para entender lo que nos está pasando.

Hay unas preguntas cruciales y poderosas que nos permiten entender mejor nuestras circunstancias y trabajar en nuestra conducta. Te invito a reflexionar a partir de las mismas y subir el nivel de conciencia.

¿Por qué me está pasando esto? Es una pregunta que nace de una percepción caótica del mundo, viene del ego y no de la conciencia, porque nos empuja a victimizarnos y nos conduce a más y más preguntas absurdas: ¿Por qué a mí que soy tan bueno? ¿Por qué no tengo suerte en el amor? ¿Por qué todos me engañan? ¿Por qué no valoran mi trabajo?, etc. Ser la víctima de un mundo hostil que está en mi contra es el papel favorito del ego.

¿Para qué me está pasando lo que me está pasando? Es una pregunta que ayuda a subir el nivel de conciencia porque nos obliga a encontrar la lección que conlleva la situación. En lugar de preguntarnos: "¿Por qué me corrió mi jefe si yo era tan bueno y entregado a mi trabajo?", podemos indagar desde otro nivel con la pregunta "¿Para qué mi jefe me corrió del trabajo?". A la primera cuestión no le tengo respuestas; pero a la segunda interrogante puedo darle contestaciones: "¿Acaso debo aprender a valorarme?", "¿Era necesario que pasara para dar lugar a nuevas oportunidades?" o "¿Ahora que no tengo trabajo puedo dedicarme a mi propio emprendimiento?".

Con el "para qué" nos dirigimos a la acción, pasamos de ser víctimas para convertirnos en agentes de cambio.

¿Qué es lo que estoy haciendo yo para que me pase lo que me está pasando? Es el tercero y más elevado nivel, pues encaramos directamente a nuestro ego, elevamos la voz de nuestra conciencia e impactamos directamente en la percepción, y tanto nuestros pensamientos como nuestras emociones y acciones serán diferentes. Por ejemplo, siguiendo con el caso de la persona que fue despedida injustamente, sus preguntas pueden estar enfocadas de la siguiente manera: "¿Qué es lo que estoy haciendo para que no valoren mi trabajo?", "¿Qué es lo que estoy haciendo o dejando de hacer para que no me tomen en serio?", "¿Qué es lo que estoy haciendo para que me consideren prescindible?". Su percepción se enfocará en el rango de acción, en mejorar sus capacidades y cualidades, por lo que sus pensamientos y emociones van a ser productivos y le conducirán a la acción. Es posible que tome cursos de crecimiento personal, liderazgo, manejo del estrés y posiblemente descubra una nueva pasión y ¿por qué no?, un nuevo propósito de vida.

Antes de concluir con esta primera parte del libro, quiero responder a la pregunta que quedó pendiente en líneas anteriores: ¿cómo saber si estamos intuyendo de forma correcta? ¿La recuerdas?

Bien, entonces veamos un ejemplo claro de lo que significa intuir correctamente. Uno de los asuntos que más resuena en nuestra sociedad, en términos de relaciones personales, es la infidelidad. Cuando hay problemas de infidelidad, la intuición juega un rol muy importante. Hay una serie de señales, cambios, pruebas que le permiten a una persona intuir que su pareja le está siendo infiel. Entonces la persona que está intuyendo correctamente puede ser capaz de evaluar esas señales y responder a ellas indagando en el asunto, de forma natural y muy genuinamente desde su esencia, sin guardar ningún rencor o remordimiento y, lo más importante, siendo feliz. Sin embargo, cuando una persona deja de sentir la felicidad y empieza a abrigar rencor y odio en contra de alguien más, sin pruebas, sin indagar, ni profundizar en esas emociones, ya deja de ser intuición y pasa a ser una manifestación de celos impulsivos, compulsivos.

Ahora bien, es momento de conocer más a fondo el lugar donde se da la magia, donde se despliegan todas esas descargas eléctricas que se traducen en pensamientos, el territorio donde se despiertan las emociones, donde sentimos: el cerebro. Conocerlo nos ayudará a analizar mejor lo que está detrás de nuestra conducta y trabajar en ello.

¿Sabías acaso que nuestro cerebro está conformado por tres tipos de cerebros?

Antes de continuar te invito a disfrutar de una historia para reflexionar.

BUENA SUERTE O MALA SUERTE, ¿QUIÉN SABE?[8]

Érase una vez un anciano que vivía en un pequeño pueblo con su único nieto y su caballo. Al verlo trabajar la tierra en tan buena compañía, la gente que se acercaba a su finca le decía:

—Vaya, qué buena suerte la suya de tener a su nieto, un muchacho joven y fuerte de 19 años y su caballo, qué buena suerte la suya.

Y el anciano contestaba:

—Pues no sé si sea buena suerte o mala suerte, lo único que sé es que tengo aquí a mi nieto y a mi caballo.

Otro día, andaba el muchacho arando la tierra en el caballo y de repente salió una serpiente, la bestia del susto pegó un brinco que hizo caer al muchacho y romperse una pierna.

Al día siguiente la gente le decía al anciano:

—¡Qué mala suerte la suya!, a su nieto se le quebró la pierna, ¿cómo va a hacer ahora para trabajar la tierra y labrarla?

Y el anciano solo respondió:

—Yo no sé si sea buena suerte o mala suerte, lo único que sé es que a mi nieto se le quebró la pierna y es todo lo que sé.

Tres días más tarde, el ejército entró al pueblo y se llevó a todos los jóvenes, excepto al nieto del anciano porque estaba lesionado.

La gente llegó y celebrando le decía:

—¡Qué buena la suerte la suya!, vea que nada más y nada menos si no es porque se fractura el muchacho se lo llevan reclutado.

El anciano dijo una vez más:

---

8 Este cuento está inspirado en un relato de Carlos G. Vallés del libro *Ligero de equipaje* y lo tituló "Buena suerte o mala suerte, ¿quién sabe?".

—Yo no sé si sea buena suerte o mala suerte, lo único que sé es que mi nieto tiene la pierna fracturada y el ejército no se lo llevó.

Una semana más tarde, comenzó a caer una tormenta de esas infernales y el caballo asustado en medio de los relámpagos y truenos se escapó. La gente compadecida del anciano le decía:

—¡Qué mala suerte la suya!, su caballo se le escapó, su nieto está fracturado y eso sí que es mala suerte, ¿cómo le va a hacer ahora para poder trabajar la tierra?

El anciano respondió una vez más con voz apacible:

—Yo no sé si sea buena suerte o mala suerte, lo único que sé es que mi caballo se escapó.

Un mes más tarde, el caballo venía corriendo en una estampida y la gente se quedó maravillada al ver que aquel regresaba con 30 caballos salvajes más que lo venían siguiendo, y entraron al establo del anciano.

Maravillados con la noticia y observando aquel montón de caballos, le llegaron a decir:

—Definitivamente, esto si es tener buena suerte, vaya que sí lo es.

El anciano dijo una vez más:

—Yo no sé si sea buena suerte o mala suerte, lo único que sé es que mi caballo regresó con 30 caballos salvajes más.

La historia puede continuar así, enumerando muchas más circunstancias de la vida y las lecciones que estas nos ofrecen *a posteriori* y de las que no somos conscientes por quedarnos en la simplicidad del azar. La gran pregunta para ti es: "lo que te está pasando actualmente en tu vida, ¿es buena suerte o mala suerte?".

CAPÍTULO 2

LOS TRES CEREBROS

*Cuando tu ego se mete en tu mente, te va a atacar
constantemente hasta destruirte.*
Dr. Carlos Mcdonald

El cerebro humano ha ido evolucionando por millones de años, desde que nuestros ancestros más primitivos empezaron a poblar la tierra. A lo largo de esta evolución el cerebro se ha ido perfeccionando y complejizando hasta la actualidad. Partiendo de esa teoría evolutiva del cerebro, el médico norteamericano y neurocientífico Paul MacLean, propuso la teoría de los tres cerebros o el cerebro triúnico.

En esta tesis, que se ha hecho muy popular por su aplicación al *neuromarketing* y por las controversias que ha generado, se agrupan varias regiones del encéfalo en diferentes conjuntos desde las que realizan distintas tareas.

Los tres tipos de cerebro se pueden entender como tres capas diferenciadas de un mismo órgano y no como tres dispositivos actuando de manera aislada. Estas capas serían, según MacLean, el cerebro reptil; el cerebro mamífero (también conocido como sistema límbico) y el cerebro neocórtex.

Cada capa se desarrolló paulatinamente a lo largo de nuestro proceso evolutivo. Así, la primera en aparecer, según podemos leer en la historia evolutiva del cerebro, sería la estructura reptiliana la cual tiene 300 millones de años de evolución y es la responsable de las funciones más básicas e importantes para nuestra supervivencia; luego tenemos el cerebro mamífero conocido también como *paleomammalian* o sistema límbico, el cual tiene 200 millones de años de evolución y es el responsable de nuestras emociones. La última capa en surgir fue el cerebro neocórtex, la más reciente estructura en la línea evolutiva, la cual tiene alrededor de unos 100 millones de años de evolución y a la que le debemos ser conocidos como *Homo sapiens*, seres pensantes y racionales.

El propósito de repasar esta teoría es aproximarnos a la comprensión de nuestro comportamiento a partir de las funciones que cumple cada una de estas zonas del cerebro. Y con suerte, aprender a equilibrar nuestros impulsos más primitivos y nuestro sistema emocional, entendiendo desde qué lugar de nuestro cerebro estamos actuando o qué zonas se activan ante ciertas situaciones o personas.

¿Qué me hace reaccionar con tanta hostilidad ante ciertas circunstancias? ¿Por qué ciertos olores o lugares me hacen sentir tan feliz o triste? ¿Por qué respondo de la manera en que lo hago y luego me arrepiento? ¿Por qué tomo las decisiones que tomo?

Estas son algunas interrogantes a las que podremos responder luego de este pequeño viaje por los tres tipos de cerebro.

EL CEREBRO REPTIL: CENTRO DE LA REACCIÓN Y LA SUPERVIVENCIA

Cuando un hombre solo aprecia el comer y el dormir.
¿Qué excelencia tiene sobre los reptiles?
Saadi

Biológicamente está ubicado en la zona más baja del prosencéfalo, justo encima del lugar en el que la médula espinal accede al cráneo. En esta estructura están los ganglios basales y el cerebelo responsable de todas aquellas funciones necesarias para la supervivencia inmediata: respirar, comer, dormir, despertar, llorar, orinar, evacuar, etc. Se le conoce como cerebro reptil por la relación de sus funciones con los comportamientos estereotipados e invariables que definen a los animales vertebrados poco evolucionados como lo son los reptiles.

Prácticamente es la parte del cerebro donde estamos más reactivos y expuestos a lo que es el modo de supervivencia. Desde el cerebro reptil contamos con la habilidad de proteger nuestro entorno y, desde luego, a nosotros mismos. Se cuenta con dos comandos de acción o dos tipos de respuestas inmediatas: mantenernos y enfrentar la situación amenazante o huir y dejar que otro se encargue del problema.

Es en esta área del cerebro donde se dan los impulsos que nos movilizan de manera inmediata, sin ningún tipo de razonamiento o discernimiento. Es el impulso agresivo para defendernos o el cambio impulsivo ante una amenaza.

Supongamos que vamos conduciendo nuestro auto, de pronto observamos que un camión sale de su carril y se aproxima directo a nosotros y al parecer sin control alguno. Desde el cerebro reptil se produce el impulso inmediato de huida, la acción es girar el volante y cambiar de carril, sin ningún tipo de razonamiento. Diviso el peligro y reacciono. No me detengo a pensar la distancia del carro que viene detrás o asegurarme de que no venga otro vehículo en dirección opuesta. Simplemente, es la parte reactiva sin pensamientos lógicos de por medio.

El cerebelo es la estructura que se encarga de generar esas conductas simples en respuesta a una necesidad vital y lo hace de forma automática. Tengo hambre y como; tengo sueño y duermo; tengo miedo y huyo. Son acciones repetitivas, impulsivas e inalterables.

Una persona que actúa persistentemente desde el cerebro reptil es un sujeto muy metido en su rutina, no se permite ningún tipo de cambio en su día a día. Se pudiera decir que un individuo que tiene inflamado el cerebelo va en piloto automático; se dirige del punto A al punto B, de allí al punto C y regresa al punto A. Lo que es igual a estar permanentemente de la casa al trabajo y del trabajo a la casa utilizando el mismo transporte, a la misma hora, por décadas. ¿Te suena familiar?

Lo vemos cada vez con más frecuencia, y es probable que lo hayamos vivido en algún momento, trabajar de lunes a viernes fuertemente; el sábado hacer compras, lavar, preparar comida, el domingo pasar el día haciendo las mismas actividades rutinarias, para concluir el fin de semana viendo series para volver el lunes al mismo ciclo sin fin. Sin dar cabida a la innovación, la creatividad, la sorpresa y la emoción.

En esa monotonía todo es predecible y nuestro comportamiento y acciones son también previsibles. Nos convertimos en ese cocodrilo que podemos ver por horas y horas en la misma posición, inalterable, hasta que algo active sus respuestas primitivas. En el mundo hay millones de personas con un comportamiento en modo reptil, trabajando sin conciencia, sin reflexionar, sin detenerse a pensar en lo que hace excepcional sus vidas, y lo peor es que se sienten muy a gusto en esa rutina. El problema se presentará cuando algo inesperado trastoque esa seguridad que brinda el automatismo.

Si alguien externo intenta alterar algo de esa zona de confort, promoviendo cambios en la persona, no siempre será considerado como alguien grato, más bien resultará molesto y arrogante que alguien quiera sacarnos de ese estado reptiliano. Frases como "A este ¿quién le dijo que yo necesitaba cambiar?", "¿Qué le importa que yo esté a gusto con mi rutina, nadie tiene por qué venir a meterse en mis asuntos?" y "¿Quién dijo que yo necesitaba ayuda psicológica, ni que estuviera loco?".

Sin embargo, cuando lo que toca esa zona de confort es, por ejemplo, una pandemia que arrebató la vida de un ser querido o la pérdida del empleo o la solicitud de divorcio, esa persona se va a sentir obligada a repensar lo que ha sido su vida y a buscar soluciones o salidas. El entorno cambiante activa otros procesos que obligan a soltar el piloto automático e ir más allá. Pero ¿qué pasa si estuviéramos más presentes y atentos a nuestro entorno?

El cerebro reptil —al ser la estructura más antigua— nos conecta a lo más primitivo y está muy activa en todas las personas a lo largo de su vida. Son las otras zonas las que irán madurando con las experiencias y a partir de nuestras relaciones, emociones y razonamientos, iremos convirtiendo lo ordinario en algo extraordinario. Es decir, iremos marcando la diferencia entre alguien netamente reactivo y agresivo a alguien mucho más ecuánime y autocontrolado.

Es importante recordar que al estar hablando del cerebro como un solo órgano compuesto por diferentes capas o sistemas, estas se hallan en constante interacción. En ese caso, nuestras emociones y experiencias previas juegan un papel fundamental en las respuestas que se activan desde el cerebro reptil, por ejemplo, un lagarto puede estar con la boca abierta e inmóvil esperando por horas la oportunidad perfecta para poder cazar a su presa. Sin embargo, si escucha un ruido amenazante relacionado con el dolor provocado por una experiencia en el pasado, ese ruido activará la huida del lagarto.

En nuestras vidas van sucediendo cosas que marcan nuestra experiencia, por ejemplo, si he estado en una relación amorosa en la que me traicionaron después de que yo lo diera todo sin pedir nada a cambio, y luego de 20 años de unión esa pareja me fue infiel, por supuesto que ese engaño va a activar una serie de emociones negativas y de dolor que almacenaré y que desde mi cerebro reptil será recopilada como una amenaza latente a mi seguridad.

Luego de pasar tiempo adaptándome a las circunstancias con ayuda psicológica y demás, resulta que me vuelvo a enamorar. Estando en esa nueva relación, cualquier comportamiento o señal de que esa nueva persona me hará pasar por el mismo dolor activará mi sistema de defensas y querré huir de esa relación o, por el contrario, hará que mi comportamiento sea más agresivo, convirtiéndome en una persona quizás posesiva, controladora o celosa. Este patrón de conducta lo puedo controlar siempre y cuando yo tenga el deseo de hacer conciencia de lo que está despertando realmente esa reacción en mí y lo desligue de mi actual pareja. Pero para llegar a esa conclusión necesito de las otras capas de mi cerebro.

Algo similar sobreviene con las adicciones, pero a la inversa. Esos momentos de euforia o placer momentáneo que nos puede brindar una droga, el alcohol o incluso el azúcar hará que experimentemos, a través de la dopamina, ese éxtasis como la experiencia más maravillosa que puede existir. Nuestro cerebro reptil almacenará esas sensaciones de placer como una necesidad para subsistir y, por ende, generará el impulso necesario para que volvamos a acceder a esta recompensa de forma persistente.

Las adicciones son el reflejo de un vacío interno que tenemos y que intentamos llenar la mayoría de las veces con comida chatarra, cigarros, drogas, incluso con la pornografía y relaciones tóxicas que pueden llegar a ser un problema de adicción y escape. Todo esto va a causar un círculo poco saludable entre una necesidad y su recompensa de la que no va a ser fácil salir. Se necesitará trabajar desde las otras zonas del cerebro, aplicar diferentes estrategias, cambiar el entorno de la persona y llevarla a adaptarse a nuevas situaciones que la aparten de esa necesidad constante de gratificación inmediata. Desde nuestra parte más primitiva seremos incapaces de entender que esas acciones están afectando no solo nuestra vida, sino a la familia o las relaciones laborales.

Es muy importante destacar que cuando hablamos de esta área de nuestro cerebro reptil, desde la que actuamos en forma automática e instintiva, las posibilidades de reforzar un buen o mal comportamiento son infinitas. Ya sea a través de la sexualidad o de la alimentación o respetando el espacio de descanso de una persona.

Un ejemplo claro de un reforzamiento a un mal comportamiento podría ser una pareja que después de una discusión virulenta y una vez concluida la misma, tengan relaciones sexuales inmediatamente o se regalen una salida especial a una cena romántica. Esto, aunque aparentemente se vea muy erótico o romántico, podría ser peligroso desde el punto de vista psicológico conductual, ya que el cerebro todo lo que está percibiendo es que para poder recibir la satisfacción de ese placer debe antes pelear y discutir.

Sin embargo, si queremos reforzar un buen comportamiento, deberíamos estar muy conscientes de las cosas que la otra persona está haciendo a través de su conducta y sean favorables para nuestras expectativas. Si su comportamiento es aceptable, podemos brindar exactamente los mismos placeres y de esta manera el cerebro comprenderá que vale la pena ser respetuoso y amoroso para recibir placer, tanto sexual como de otro tipo. De esta manera, podemos contar con la oxitocina, la serotonina y la dopamina, hormonas o neurotransmisores, como nuestros mejores amigos o nuestros peores enemigos.

EL CEREBRO MAMÍFERO: CENTRO DE LAS EMOCIONES

Cambia tu atención y cambiarás tus emociones.
Cambia tu emoción y tu atención cambiará.
Frederick Dodson

También conocido como sistema límbico o *paleomammalian*, es la segunda estructura en aparecer en la cadena evolutiva con los mamíferos primitivos. Para comprender su función podemos afirmar que es la zona responsable de la aparición de las emociones relacionadas con las experiencias vividas, la composición genética y el temperamento innato. Regula la parte afectiva del ser humano, porque conecta con los centros de procesamiento de las emociones tales como angustia, dolor, preocupaciones, depresión, celos, miedos, alegría, amor, compasión, etc.

Se le considera una capa intermedia entre el tallo y la neocorteza cerebral y almacena todo ese conjunto de sensaciones y matices que se producen en nuestro sistema límbico. Es el arco de colores de nuestras vidas, lo que nos brinda la gama de colores que nos hacen decir: "Vaya, qué lindo día" o "¡Qué pésimo día este que me tocó!". Es también el centro de nuestros deseos y el responsable de un 50 % de las decisiones que tomamos.

Es una estructura importante también para el aprendizaje, debido a que este proceso está vinculado a nuestras emociones. Un evento lleno de muchas emociones positivas o negativas seguramente se quedará para siempre en nuestras memorias. Por ejemplo, si hablamos del evento del 11 de septiembre de

2001, cuando el mundo fue sacudido por el terrible ataque terrorista que sufrieron las Torres Gemelas en el estado de New York, en los EE. UU. en donde miles de personas perdieron la vida, es sin duda un evento que marcó la vida de muchos de nosotros. Debido a lo impactante del hecho, hasta el día de hoy podemos recordar con mucha precisión el lugar en el que nos encontrábamos y lo que estábamos haciendo ese día.

Aquí surge la pregunta y, al mismo tiempo, la respuesta de por qué podemos recordar ese día y lo que estábamos haciendo, y no seamos capaces de recordar que era lo que estábamos haciendo el día anterior o posterior a este evento. La respuesta es sencilla: los otros días no los vivimos con la misma intensidad emocional; por lo tanto, nuestro cerebro opta por olvidar y retener solamente aquello que tuvo un fuerte impacto emocional, ya sea positivo o negativo. En ocasiones una acción que me aporta emociones gratificantes se fijará con mayor facilidad, mientras que si es desagradable esa experiencia la evitaré para no experimentar esas emociones nunca más.

Una persona muy emotiva, que llora por todo y por nada, posiblemente se deba a que su sistema límbico está muy inflamado o no está siendo regulado adecuadamente. Por ejemplo, los ciclos menstruales en las mujeres producen un desbalance hormonal que trae como consecuencia, en algunos casos, grandes cambios en la parte emocional; porque ese desajuste hormonal puede eventualmente inflamar áreas del sistema límbico, ocasionando cambios de carácter, irritabilidad, cambios bruscos en el estado de ánimo, e ir de 0 a 100 en unos segundos.

En la parte reptil, tanto hombres como mujeres, somos muy similares, pero cuando hablamos del cerebro mamífero podemos encontrar variaciones, como el tamaño en sí del sistema límbico, el cual, es más grande en mujeres que en hombres, de allí que la mujer tiene una mayor capacidad para recordar absolutamente todo. Es como que tuviera una tarjeta de memoria de 1 TB comparada con una de 100 GB de la de un hombre. Y es que, al ser más grande el hipocampo y la amígdala, zonas involucradas en la formación de la memoria a largo plazo y que está asociada con el sentido del olfato, tienen mayor capacidad de almacenamiento.

Es tan solo un ejemplo de lo que implican estas diferencias en cuanto a la estructura cerebral entre el cerebro masculino y el cerebro femenino. Hasta cierto punto, el origen de muchas diferencias cotidianas, que parecieran deberse a incompatibilidades personales, no son más que diferencias físicas inherentes de cada individuo. ¿Cuántas discusiones no han comenzado por el olvido de una fecha importante o por el descuido de no llegar a tiempo a un evento? o ¿cuántas peleas terminan trayendo al presente situaciones que ocurrieron años atrás? No siempre se debe a una falta de interés o a un olvido voluntario, hay factores biológicos y genéticos que nos determinan y que no está de más considerar a la hora de querer comprender a la otra persona.

Todas las emociones quedan registradas en esta zona, incluyendo las emociones negativas que nos generan estrés y sufrimiento. Un pensamiento negativo que nos despierte sentimientos de angustia activa en el sistema límbico adrenalina y cortisol y esto desencadena que nuestro sistema inmunológico se debilite y, por lo tanto, nos hace vulnerables a enfermarnos.

Por ejemplo, una persona que pasa su tiempo pensando en el pasado y lamentándose de los eventos caóticos que le produjeron dolor y sufrimiento, o quizá recordando lugares o personas, hará que su cerebro experimente la nostalgia y muy posiblemente termine en una depresión clínica profunda. Si, por el contrario, una persona pasa la mayoría de su tiempo pensando en la incertidumbre del futuro o en el día de su muerte, entonces posiblemente terminará experimentando un agobiante y severo nivel de ansiedad y ataques de pánico crónicos.

LA CORTEZA NEOFRONTAL: CENTRO DE CONTROL

El dolor es inevitable, el sufrimiento es opcional.
Buda

En nuestra cadena evolutiva es la capa de más reciente aparición. Es una estructura compleja en la que residen todas las combinaciones de la realidad, es decir, las herramientas que nos han brindado las distintas experiencias a lo largo de nuestras vidas y nos permiten reflexionar, planificar y actuar estratégicamente. Supera la repetición invariable del cerebro reptil e incorpora el aprendizaje a través de las emociones y el conocimiento del entorno en procesos de análisis de nuestros propios actos.

Es la estructura más externa del cerebro humano y centro del pensamiento lógico y racional, la capa desde la que podemos verbalizar nuestra realidad. Es propia de los mamíferos más evolucionados.

La neocorteza cerebral puede ser considerada la sede de la racionalidad en nuestro sistema nervioso, de allí que nos refiramos a esta estructura como el centro de control, porque desde allí se resuelve un balance entre la parte emocional y nuestra parte más reactiva o agresiva.

El buen funcionamiento de los lóbulos frontales nos permite equilibrar nuestros impulsos y nuestras emociones en situaciones cotidianas y nos brinda la posibilidad de mantener relaciones armónicas o hasta combatir la obesidad al regular nuestros impulsos de hambre. Aunque ocupa apenas el 30 % de nuestro cerebro, es el responsable de nuestra relación integral con el mundo exterior.

Tratemos de aplicar esta teoría del cerebro triúnico a una situación cotidiana:

Imaginemos que te han llamado de una importante compañía para hacerte la última entrevista y obtener el cargo de tus sueños, ese por el que tanto has trabajado durante años. La entrevista se realizará por videollamada, así que preparas todo con anticipación para que el encuentro virtual fluya de manera perfecta, sin interrupciones ni inconvenientes; pero justo ese día suspenden las clases en el colegio y te toca cuidar a los niños.

Ante esa circunstancia, previo a la reunión hablas con los niños y les pides su colaboración, les explicas que tienes una reunión muy importante y necesitas que jueguen en silencio y al terminar estarás con ellos y podrán ir al parque. En plena reunión, los niños comienzan a pelear, tu cerebro reptil detecta una amenaza, pues siente que está en peligro de perder una gran oportunidad y entonces tu sistema emocional siente miedo, pero también enojo y algo de frustración.

Desde el cerebro reptil pudieras reaccionar pegando un grito y golpeando la mesa para ahuyentar la amenaza, perdiendo el control frente a tu futuro empleador y asustando a los niños; desde tu sistema límbico pudieras ponerte a llorar desconsoladamente, dándole a entender a tu contratante que no eres capaz de soportar la presión; pero desde tu neocorteza cerebral puedes comprender la amenaza, controlar tus emociones y racionalizar la situación. Así, luego de respirar profundo, podrás reaccionar y disculparte un momento, silenciar tu micrófono y recordarles a los niños que su colaboración es muy importante y que si no se comportan habrá consecuencias. Piensas, resuelves y ejecutas, todo desde el autocontrol.

Situaciones similares pueden ocurrir a diario a lo largo de nuestra vida y ante cada una de ellas habrá una interconexión entre las diferentes estructuras de nuestro cerebro, una retroalimentación constante que nos irá haciendo actuar en cada circunstancia, de manera asertiva o no, dependiendo del control que seamos capaces de tener entre las emociones y los instintos.

Por ejemplo, el desarrollo de la amígdala influye en la toma de decisiones más rápidas, aun bajo presión y, como dicen por ahí, con mente fría. Pensemos por un momento en un taxista que lleva años conduciendo en una ciudad y se conoce de pie a cabeza cada atajo, ya no necesitará de un GPS para que le indique cuál es su mejor opción para ir de un lugar a otro en menor tiempo, de acuerdo al día y la hora. Su amígdala de cierta forma le permitirá tomar esas decisiones rápidas y adecuadas debido a la experiencia y la percepción. Lo mismo sucede con un soldado de las fuerzas especiales de los Estados Unidos de América, quien lleva un entrenamiento tan riguroso de defensa personal y contraataque que hace que su amígdala responda en milésimas de segundo e incremente su tamaño en habilidades que sobrepasan a la mayoría de las personas en un ambiente normal dentro de nuestra sociedad.

Es importante que exista cierto equilibrio en la activación de estas tres capas de nuestro cerebro para regular nuestra conducta. Dicen que "la práctica hace al maestro" y es justamente la práctica del autocontrol, tanto de nuestra parte más primitiva y reactiva como de nuestras emociones, lo que nos permitirá responder de manera asertiva ante las distintas situaciones que se nos presenten a lo largo de nuestra vida.

QUÉ PASA CUANDO LAS CAPAS SUFREN DAÑOS

Una de las zonas del cerebro asociada con el equilibrio para caminar y estar de pie, y otras funciones motoras complejas es el cerebelo. Los daños asociados al cerebelo pueden repercutir en pérdida de la coordinación fina, estremecimiento, incapacidad para caminar, mareos (vértigo), dificultad para hablar.

Por ejemplo, cuando observamos a personas con autismo podemos notar que en algunos casos estos sujetos caminan de una forma lenta, un fenómeno que se ha relacionado con la disfunción del cerebelo.

Asimismo, algunos patrones de comportamiento de personas con esquizofrenia y dislexia se han asociado con disfunción cerebelosa.

Diversos autores como el doctor Mitchell Glickstein, Brown, Villanueva y Timmann, entre otros, han revisado las funciones y la fisiología del cerebelo mediante el estudio de los trastornos neuropsiquiátricos. A través de diferentes estudios han logrado identificar el cerebelo como un componente clave en la base neuronal de la danza y otras funciones motoras.

Por otra parte, el sistema límbico desempeña un papel importante en la regulación de las emociones. Un estudio realizado en 2004 por Okun y sus colegas examinó los cambios emocionales tras la estimulación cerebral profunda del giro dentado, el cual está asociado al hipocampo. La estimulación del giro dentado hizo que el participante sonriera espontáneamente e informara de experiencias de euforia. Esta puede resultar una terapia útil para los trastornos del estado de ánimo. El trastorno bipolar y la esquizofrenia también se han relacionado fuertemente con anomalías en el sistema límbico.

Algunos trastornos cognitivos asociados al sistema límbico son la depresión, deficiencias olfativas (sentido del olfato), alteración, emociones incontroladas, ritmos biológicos anormales, comportamiento sexual anormal, y deficiencias de la memoria, entre otras.

Un estudio interesante es el de Lee y Goto (2011), quienes descubrieron que el estrés crónico interrumpe el procesamiento de la información en la estructura límbica-corteza prefrontal, que depende del receptor NMDA.

Otra de las zonas que pueden sufrir daños son los lóbulos frontales, las estructuras más grandes del cerebro y, en consecuencia, se han asociado con un gran número de trastornos. Estos incluyen el TDAH, la esquizofrenia y el trastorno bipolar (corteza prefrontal), así como pérdida de espontaneidad en las interacciones sociales, cambios de humor, incapacidad para expresar el lenguaje, habilidades sociales atípicas y rasgos de personalidad.

Está comprobado desde el punto de vista científico, clínico y médico que cuando hay daños en algunas de las capas, del cerebro reptil, mamífero o neocórtex, a raíz de un golpe o un accidente, este afecta directamente el comportamiento humano y repercutirá en alteraciones de la personalidad del sujeto.

Incluso nuevos estudios[9] revelan que la personalidad juega un rol importante en el desarrollo del deterioro cognitivo de las personas. Por ejemplo, ser más detallista y extrovertido detiene hasta cierto punto el deterioro cognitivo leve durante más tiempo, mientras que vivir con niveles más altos de estrés y ansiedad aumentan las probabilidades de un deterioro cognitivo demasiado acelerado.

---

9 Fuente: *Journal of Personality and Social Psychology*. Reseñado en https://cnnespanol.cnn.com/2022/04/12/personalidad-cerebro-estudio-trax/.

Patologías como el alzhéimer[10], enfermedad que está por ser considerada número uno en el mundo, se caracteriza por un deterioro cognitivo que inicia afectando el hipotálamo y las memorias y que va degenerando el resto del sistema, afecta los comportamientos y la personalidad de quien la sufre en gran medida. Quiénes somos y cómo somos va determinado por el bienestar y el equilibrio de nuestro gran sistema operativo que reside en nuestro cerebro.

MUCHA MÁS TELA QUE CORTAR

Para conservar el equilibrio, debemos mantener unidos lo interior y lo exterior, lo visible y lo invisible, lo conocido y lo desconocido, lo temporal y lo eterno, lo antiguo y lo nuevo.
Jonh O'Donohue

El funcionamiento del cerebro es un tema bastante amplio y complejo. Sería muy ambicioso querer abordar toda su vastedad en unas cuantas páginas, además escaparía del propósito que nos ocupa. He procurado simplificar lo más posible, conceptos e ideas bastante abstractas y confusas para que podamos acercarnos a la comprensión de la conducta humana, es especial nuestra propia forma de ser y pensar, que nos acerca o aleja de una vida feliz.

La mejor forma de entender qué tan instintivo, emotivo o racional estamos siendo es preguntándonos con total sinceridad: ¿qué tan enojón soy?, ¿qué tanto reacciono desde

---

10 Dato curioso: uno de los más grandes detonantes de este problema es el azúcar. Dentro de un mundo de cosas que pueden ir afectando nuestra salud mental el azúcar es un veneno.

mis emociones?, ¿qué tan reptil estoy siendo?, ¿qué tan sumido a la rutina estoy?, ¿se acabaron los detalles y la creatividad para avivar la llama de la pasión en mi relación de pareja?, ¿qué tan feliz me siento?, ¿estoy ayudando a los demás?, ¿practico la compasión y la benevolencia correctamente?

Mientras más me mantenga peleando mi punto de vista y discutiendo que lo que veo es así, menos posibilidades tendré de llegar a buen puerto, por ejemplo, si yo dibujo el número 6 entre dos personas que se están viendo frente a frente, una de los dos percibirá que en efecto es el número 6, sin embargo, la otra persona nos dirá basada en su percepción que no es un número 6 sino más bien es el número 9, y por más que la discusión no lleve a ningún lado no serán capaces de colocarse del lado del oponente y ver su punto de vista.

Recuerda esto: una verdad absoluta fundamentada en la percepción de una persona, es una verdad absoluta. ¿Qué significa esto? Que cuando nos enojamos estamos regulando muy poco nuestras emociones (sistema límbico profundo) y nos mantenemos a la defensiva activando todos los mecanismos de supervivencia de nuestro cerebro reptil (cerebelo) listo para atacar, y bloqueamos la posibilidad de pensar correctamente a través de nuestra corteza prefrontal (neocórtex).

Esto tiene el riesgo de generar situaciones en las cuales una persona puede vivir lamentándose por el resto de su vida, por el hecho de haber tomado decisiones equívocas; ya que una decisión no se debería tomar a la ligera para salir del momento, sino más bien reconocer que una decisión nos puede ayudar o perjudicar no solo de forma personal sino también de forma generacional, a nuestros hijos, nietos, etc.

En una situación así, es hora de activar al jefe de los jefes, el neocórtex, y movernos un poco para recapacitar. Desde esta zona racional podemos percibir todo el contexto, comprender y tomar decisiones apropiadas sin que predomine el modo reptiliano de supervivencia o el lado emocional *per se* (por sí mismo).

De no activar nuestro centro de control es probable que tengamos problemas, porque todo lo que haga o deje de hacer será el resultado de nuestras emociones y sentimientos o de nuestro instinto por sobrevivir. De cierta forma, la corteza frontal viene a ser el CEO (Jefe) y todo dependerá de qué clase de equipo laboral tenga a su lado para administrar la empresa y llegar a tener ese éxito tan deseado.

Cuando somos capaces de ver esta funcionalidad podemos descubrir y decir: "¡Caramba!, por esta razón es que me va tan mal en el amor". Y estas expresiones son el resultado de vivir enamorado desde el corazón (emociones/sistema límbico profundo) en lugar de amar con el cerebro (corteza prefrontal). Es por eso que si tú percibes que has sufrido muchísimo en el amor, posiblemente estés estableciendo en tus relaciones un apego en lugar de una conexión, ya que el apego equivale a sufrimiento y la conexión a crecimiento.

Ahora bien, estas capas también tienen influencia en lo que son los temperamentos de las personas, por ejemplo; una persona con un temperamento **colérico** es la que a través de los sentimientos puede ser, dentro de muchas cosas, extrovertida inestable y sensible a la misma vez; ahora bien una persona con un temperamento **sanguíneo** es extrovertida, estable, que puede controlar de cierta forma los sentimientos, siendo un líder y vivir despreocupado a la vez.

En el caso de una persona con un temperamento **flemá-tico** es introvertida, estable, pareciera que carece de sentimientos y que dentro de muchas otras cosas puede ser pasivo, calmado y por último una persona con el temperamento **melancólico** se puede observar introvertida, inestable, de manera que sus sentimientos carecen de cerebro, dicho de otra forma puede ser dentro de muchas otras cosas una persona pasiva reactiva, pesimista, ansiosa, temperamental.

Veamos entonces en el próximo capítulo esta teoría aplicada a los temperamentos, y más allá de estos, a las personalidades que se desprenden de cada uno.

Pero antes de continuar, te dejo una historia[11] para reflexionar acerca de la gestión de nuestras emociones y sentimientos, porque de eso se trata ser un mamífero evolucionado: autocontrol.

Hace mucho tiempo, Buda estaba atravesando un bosque junto a su principal discípulo Ananda. Luego de mucho andar, el maestro se dirigió a su acompañante diciéndole:

—Me siento muy cansado. Ananda, hace más de una hora cruzamos un arroyo. Por favor, toma mi cuenco y tráeme un poco de agua.

Así lo hizo el discípulo. Regresó por el camino ya transitado, pero cuando llegó al arroyo, acababan de cruzarlo unas carretas tiradas por bueyes que habían removido las hojas muertas y el cieno, quedando convertido en un lodazal. Ananda pensó que de esa agua ya no se podía

---

11 Osho. *Autobiografía de un místico espiritualmente incorrecto*; págs. 225-226. Planeta Agostini, 2007.

beber; estaba demasiado sucia para ofrecerla a su maestro. Así que regresó con el cuenco vacío.

—Maestro, tendrás que esperar un poco —dijo el discípulo—. Avanzaré unos cuantos kilómetros, pues he oído que delante tenemos un gran río. Traeré el agua fresca de allí.

Pero Buda insistió:

—Regresa y tráeme el agua de ese arroyo.

Ananda quedó sorprendido, no podía entender la insistencia luego de haberle explicado que el agua estaba sucia. Pero no tenía más opción que obedecer a su maestro. Así que volvió a tomar el cuenco en sus manos y se dispuso a iniciar el camino de regreso al arroyo.

—Y no regreses si el agua sigue estando sucia —dijo Buda—. No hagas nada, no te metas en el arroyo. Simplemente siéntate en la orilla en silencio y observa. Antes o después el agua volverá a aclararse, y entonces podrás llenar el cuenco.

Cansado y molesto, Ananda volvió hasta el arroyo, para su sorpresa observó que aunque el agua seguía algo turbia, estaba visiblemente más clara. El maestro tenía razón. De modo que se sentó en la orilla, observando pacientemente el flujo del río.

Poco a poco, el agua se volvió cristalina. El discípulo tomó el cuenco y lo llenó, y mientras lo hacía, comprendió que había un mensaje en todo eso.

Regresó danzando hasta donde estaba Buda, entregándole el cuenco, se postró a los pies de su maestro para darle las gracias.

—Soy yo quien debería darte las gracias, me has traído el agua —dijo Buda.

—Volví enfadado al arroyo —contestó el discípulo—, pero sentado en la orilla, he visto cómo mi mente se aclaraba, al igual que el agua. Si hubiera entrado en la corriente, se habría enturbiado de nuevo. Lo

92

mismo ocurre con mi mente. Si salto dentro, genero confusión, empiezan a aparecer problemas. He percibido que puedo sentarme en la orilla de mi mente, observando todo lo que arrastra: sus hojas muertas, sus dolores, sus heridas, sus deseos… De aquí en adelante, me sentaré a la orilla impasible y atento a esperar que se aclare la corriente. Por eso, maestro, yo te doy las gracias.

¿Cuántas veces saltamos al río de nuestra mente a revolver todo el lodazal? Así como Ananda, personaje de esta historia, debemos aprender a sentarnos a la orilla y darle tiempo a cada una de las capas de nuestro cerebro para que se regulen. Respirar, esperar atentos a que esas interconexiones puedan darse en perfecto equilibrio y una vez que todo esté más claro, actuar. De allí la importancia de conocer cómo funciona ese gran arroyo de vida que es nuestro cerebro.

CAPÍTULO 3

EL TEMPERAMENTO: MATERIA PRIMA DE NUESTRA PERSONALIDAD

*Bueno o malo son palabras arbitrarias
cuando de evaluar el carácter se trata.*
Anson Mount

Cuando hablamos de temperamento, nos referimos a la peculiaridad individual que nos hace ser como somos. Es la estructura dominante que define a cada persona. El término proviene del latín *temperamentum* que significa "medida". Es la medida natural con que un ser humano nace e interactúa con el entorno. Es esa esencia a la que nos referimos diciendo: "Es que **yo soy** así, así nací y así me muero".

Ahora bien, si temperamento es medida, podemos preguntarnos entonces: ¿en qué medida tiendo a ser más iracundo, impasible, optimista o silencioso?, ¿hacia cuál temperamento se inclina mi balanza?, ¿cómo respondo a las situaciones cotidianas, a los conflictos o a los nuevos retos?

En las respuestas a esas y otras interrogantes similares se encuentra el tipo de temperamento con el que venimos configurados de fábrica. Puede ser hereditario y no está afectado necesariamente por los factores externos, tiene una raíz neurobiológica y viene a ser la base sobre la que se moldea el carácter y la personalidad.

Aunque el temperamento está vinculado con la personalidad, estos no son sinónimos. La personalidad va más allá de esa medida. Porque dentro de la personalidad hay muchas más facetas e influencias del entorno, las experiencias y la crianza. El temperamento determina cómo vamos a reaccionar por naturaleza ante la vida, pero son el carácter y la personalidad los que le dan los matices para configurarnos como la persona que somos. Estos tienen que ver con el ambiente, la interacción, la socialización, la educación y la propia motivación de cada uno.

Nuestra personalidad no es la misma a lo largo del tiempo, puede variar, porque la constituyen una serie de combinaciones que van predominando y son mudables. En cambio, el temperamento es algo muy único e inalterable.

Esta teoría de los temperamentos fue postulada hace más de veinte siglos por Hipócrates, médico de la antigua Grecia y padre de la medicina. Este prestigioso científico planteaba que los temperamentos de las personas estaban determinados por la producción de fluidos corporales, por lo que también se le conoce como la Teoría de los Cuatro Humores. Lo más asombroso de esta teoría es que, además de dar cuenta del comportamiento humano, también establece relaciones con el estado de salud del individuo.

Para Hipócrates, la personalidad se veía afectada por la cantidad de bilis amarilla, bilis negra, flema y sangre que producía el cuerpo y, a su vez, por la influencia de estas sustancias en el nivel de acción y emotividad de las personas. Partiendo de este hallazgo identificó cuatro temperamentos que denominó:

1. Colérico
2. Flemático
3. Sanguíneo
4. Melancólico.

Al referirnos a uno u otro estamos destacando las características innatas que definen al individuo. Veamos con detalle cada uno para entender un poco mejor de qué se trata e identificar en cuál nos ubicamos.

Al colérico en su aspecto positivo, por llamar de algún modo a sus fortalezas, le gusta ayudar a otros, es enérgico, independiente, proactivo, determinado, ambicioso. Está pensando en resultados y en objetivos, tiende al hacer y emprender, por lo que se le da muy bien las posiciones de poder. En el aspecto menos positivo, puede ser alguien muy frío y no muestra sus emociones, es una persona que puede llegar a ser muy cruel, prepotente, dominante y sarcástico. Se conecta a lo que es el cerebro reptiliano.

No le gusta que le den vueltas, necesitan ir al grano y eso los hace prácticos y decididos. Son esas personas a las que les dices: "Tengo este proyecto" y responden "¿Cuándo empezamos?". Estamos hablando de personas dadas al liderazgo. No necesariamente es un líder real, pero sí se siente líder. Por naturaleza, un colérico es una persona decidida pero también obstinada, ególatra, impulsiva, oportunista y controladora.

Es realmente difícil que un colérico aprenda de otros y acepte que hay un mundo de oportunidades en las relaciones con sus pares debido a su ego. Siempre y cuando logren dominar ese aspecto, serán personas que van a dar grandes resultados y van a ir sobre el objetivo.

En una empresa o una organización, un temperamento colérico es, de alguna manera, idóneo para ejercer la figura de autoridad, de jefe o supervisor, no por sus aspectos negativos, más bien por la capacidad que tienen de mantenerse firmes en sus convicciones, de delegar y dar órdenes claras y precisas, además de saber recurrir a las virtudes de los demás y ponerlas en práctica.

El temperamento flemático es una persona más calmada, relajada y tranquila. Por ejemplo, el colérico dirá: "Tenemos diez proyectos que sacar, vamos ya mismo". El flemático ante esta situación responderá: "Tranquilo, ya los sacamos, así sea en el último minuto". Tienden a procrastinar, es decir, posponer todo para entregarlo a última hora. La vida de un flemático no está ceñida a la inmediatez, en su lugar, es alguien bien pausado y confiado. Por lo general, predomina el hemisferio derecho en su accionar, al inclinarse como personas soñadoras, calmadas, objetivas y diplomáticas.

En cuanto a sus relaciones personales, suele ser sobreprotector, por ejemplo, como padre o madre está permanentemente encima de los hijos: "Bájate de la silla, no corras, no camines por ahí, no estés descalzo, etc.". Asimismo, la indecisión es una de sus características principales, les cuesta tomar decisiones. Entra fácilmente en un estado de nerviosismo y angustia cuando le toca decidir.

Es noble, altruista, manipulable, leal, temeroso y crédulo. Es el temperamento que se va a asociar a grandes causas sociales, tiene un llamado a servir a la gente. Cuando hablamos de movimientos sociales un flemático se conecta con facilidad. El flemático dedica su bienestar a ayudar a otras personas para hacer el bien a quienes lo rodean.

Aun así —por ser una persona con pocas ambiciones— le cuesta salir de su zona de confort. Comúnmente, es alguien tímido y evita ser centro de atención o sostener rasgos de liderazgo que lo expongan de**mas**iado. En una organización es funcional en cargos creativos, por ejemplo, un escritor, ya *que* suele ser bastante humanista, calmado y puede ir bien en proyectos a largo plazo, diseño gráfico, músico, creación de contenidos, incluso en atención al cliente.

El sanguíneo es por lo general alguien alegre, optimista, expresivo. Dirá las cosas como son, no andará con rodeos, indicará sin filtro lo que le agrada y lo que no. Sus sentimientos y emociones estarán siempre a flor de piel. Le gusta estar en compañía, es amigable, tiene calidez; por ejemplo, un caballero con su pareja es de los que inmediatamente abre la puerta del carro, es atento y detallista. Su modo de actuar privilegia los sentimientos más que el análisis racional, por lo que conecta fácilmente con los desconocidos. En su aspecto negativo, es indisciplinado y cambia de parecer con facilidad, ya que prefiere el placer inmediato, no termina los proyectos que emprende temporalmente, se emociona rápidamente con nuevas ideas y se desmotiva igual de fácil.

Es el temperamento con más emprendimientos a mitad de camino, sus emociones son muy fluctuantes y su misma conducta desobedecida lo lleva a divagar en miles de objetivos. Su fortaleza es la capacidad de emocionar a la gente, de desarrollar alianzas y aprender.

Aun así, en el plano familiar puede ser muy inestable, por ejemplo, entre padres e hijos es típico que rompa fácilmente sus promesas, deja de ir a un lugar o hacer algo que prometió porque cambia de planes de un momento a otro. Es egoísta en el sentido de buscar la atención y llevarse los méritos. Como dicen de manera folklórica, "anda saludando con sombrero ajeno". Resulta ser una persona excesivamente dramática, al punto de exagerar todo lo que le pasa en su cotidianidad.

En un ambiente laboral, un buen lugar para un temperamento sanguíneo es el área de Recursos Humanos, porque va a tener la habilidad de ponerse en el lugar del dueño y del trabajador y negociar manteniendo complacidas a ambas partes. Puede destacarse también en la parte religiosa como pastor, cura, gurú, etc. Porque además es un excelente comunicador, se le da muy bien dar conferencias y charlas. Tiene la habilidad de poder ayudar a reconocer las debilidades de los demás y convencer a los otros de no darse por vencidos. Transmite muy bien el optimismo a las personas, por lo que puede ser excelente *coach* de vida.

Por último, el temperamento melancólico viene a ser un individuo mucho más conectado al hemisferio izquierdo del cerebro, debido a que es una persona bastante analítica. Todo lo examina a profundidad. Por ejemplo, a la hora de ser invitado para un viaje, un melancólico antes de aceptar la invitación preguntaría: "¿Cuántas personas van?, ¿en dónde nos vamos a quedar?, ¿cuánto va a hacer el aporte de cada uno?, ¿quién cocinará?, ¿cuánto costará el hospedaje?". Investigan cada acción. De la misma manera, es una persona sensible, creativa, perfeccionista, perseverante, autodisciplinada y trabajadora. Se preocupa en exceso de que todo salga impecable y eso lo lleva a cierto temor de perder el control. Suele tener tendencia a la tristeza o melancolía profunda.

Por la parte negativa, es una persona insaciable y se convierte fácilmente en un adicto al trabajo o conocido también como un *workaholic*. Puede caer en desórdenes del comportamiento como el trastorno obsesivo-compulsivo, la depresión o la ansiedad; básicamente porque al dar en exceso y buscar continuamente la perfección en todo, termina quedando vacío por dentro, sintiendo que nadie lo valora o considera como debería. Es muy propenso a ser vengativo. El melancólico adolece de esa energía emocional y de fe que tiene el sanguíneo.

Es el temperamento más racional; por lo tanto, es bastante incrédulo, desconfiado, rutinario. Difícilmente se emociona o conmueve con la palabrería, en su lugar, busca seguridad y confianza. Su obsesión por analizar cada cosa, en ocasiones le causa parálisis en cuanto a tomar ciertas decisiones, y puede que pierda oportunidades por demorar buscando razones lógicas. Eso sí, cuando toma una decisión no hay quien lo detenga, aprenderá y planificará todo para cumplir con su objetivo. Lo que determina lo cumple con extraordinaria disciplina.

Puede ser un muy buen economista, porque sus talentos y dones vienen de fábrica para el análisis y la resolución de problemas. En general es un buen estratega, al saber predecir estadísticamente el futuro y adelantarse a las situaciones de manera lógica.

A manera de resumen, podemos ver en la siguiente tabla algunos rasgos que predominan en cada temperamento, entendiendo como fortalezas todo aquello positivo que se debe aprovechar para el propio crecimiento personal, y como debilidades esos aspectos a trabajar para equilibrar cada temperamento. El ejercicio de reflexión sería ubicarnos en el temperamento que nos define y ocuparnos de esas áreas identificadas como debilidades.

Con lápiz y papel en mano, toma nota de qué cosas estás haciendo o dejando de hacer para conseguir la felicidad en tu vida, y cuáles de esas cosas están relacionadas con tu temperamento. La idea es hacer consciencia de esos aspectos a mejorar, aun cuando sean parte de nuestra esencia.

TEMPERAMENTO	FORTALEZAS	DEBILIDADES
COLÉRICO Caracterizados por el elemento fuego	Voluntarioso Imaginativo Independiente Práctico Productivo Decidido Líder Intenso	Frío Auto***suficiente*** Impulsivo Despótico Rencoroso Sarcástico Cruel Iracundo
FLEMÁTICO Caracterizados por el elemento agua	Tranquilo Confiable Equitativo Diplomático Eficaz Organizado Calmado	Calmoso Autoprotector Indeciso Temeroso Ansioso Procrastinador Manipulable
MELANCÓLICO Caracterizados por el elemento tierra	Analítico Estratega Generoso Trabajador Autodisciplinado Insondable	Taciturno Susceptible Vengativo Especulativo Depresivo Pesimista
SANGUÍNEO Caracterizados por el elemento aire	Expresivo Emocional Comedido Cálido Locuaz Apasionado Optimista	Indisciplinado Inestable Vacilante Improductivo Individualista Exagerado Insubordinado

A manera de ilustración, podemos relacionar los distintos temperamentos con los elementos de la naturaleza: fuego, agua, tierra y aire. También a su vez los podemos asociar con las cuatro estaciones del año: verano (colérico), invierno (flemático), primavera (melancólico) y otoño (sanguíneo).

Por ejemplo, ¿sabías tú que Galeno afirmaba que quienes son más cálidos son más peludos e irascibles? Si sus muslos muestran pelo denso, son muy lujuriosos. Pero si alguien tiene mucho vello en el pecho, su cuerpo no es necesariamente mucho más caliente, ya que la mayor parte de su calor está en su corazón y, por lo tanto, es más apasionado. Pero si su piel es lampiña, lisa y blanca, entonces se vuelve cobarde, tímido y poco emprendedor.

Existe una teoría reciente conocida como el lenguaje de los colores creada por Juan David Gómez, la cual está fundamentada en la teoría de los cuatro temperamentos de Hipócrates. En esta teoría se hace énfasis en los siguientes: rojo (colérico), azul (flemático), amarillo (sanguíneo) y verde (melancólico).

La Teoría de los Cuatro Humores

Muchas veces me han preguntado si existe una relación entre los cuatro temperamentos con los cuatro elementos clásicos (fuego, agua, aire, tierra) y cualidades aristotélicas de la naturaleza (caliente, mojado, seco, frío) en conjunto a las estaciones del año (verano, invierno, primavera, otoño) y los signos del zodiaco. Y mi respuesta a esta pregunta mística es que de cierta forma podemos correlacionarlas de la siguiente manera:

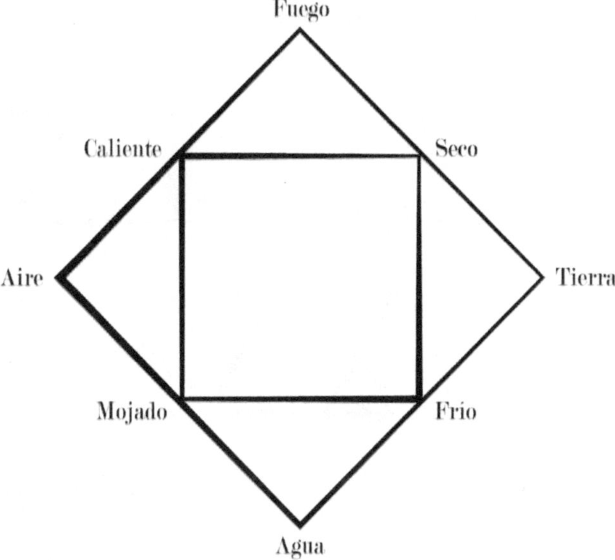

En la alquimia los 4 elementos se representan con triángulos equiláteros.

Un triángulo que apunta al cielo significa el elemento fuego. Si apunta hacia arriba, pero está atravesado por una línea horizontal, se trata del elemento aire porque el aire siempre se alza por encima del fuego. Si el triángulo equilátero apunta hacia abajo está simbolizando al elemento agua. Si apuntando hacia abajo el triángulo es atravesado por una línea horizontal, representa al elemento tierra porque el agua siempre penetra en la tierra.

Estos cuatro triángulos alquímicos juntos forman un hexagrama que actúa como un poderoso símbolo en todo lo relacionado con la transmutación.

Los Cuatro Elementos

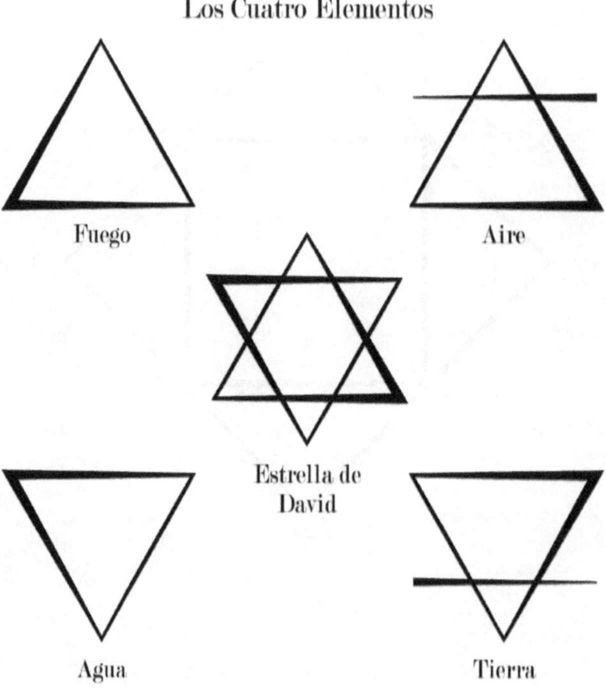

En el universo todo es vibración y los elementos tierra, agua, fuego y aire no deben interpretarse solo en su sentido puramente material sino conceptual, ya que constituyen la síntesis de todas las manifestaciones físicas y psíquicas de cada ser.

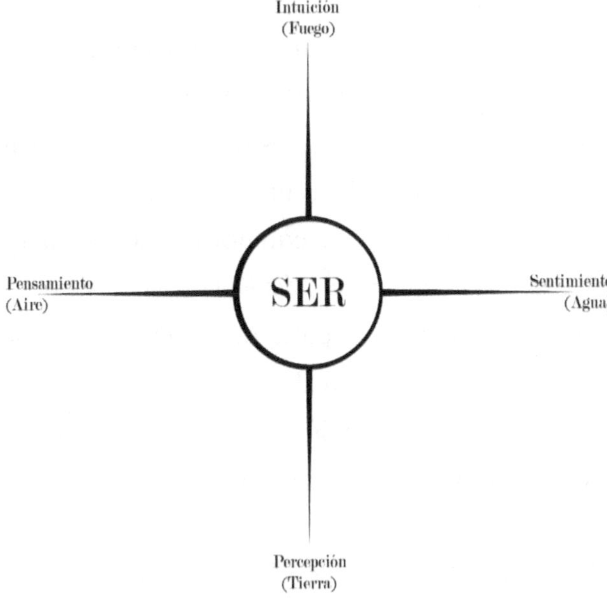

Esto quiere decir que, si aplicamos esta línea de correlación, vamos a poder comprender, a manera de respuesta mística, que el temperamento colérico estará conformado por los signos del elemento fuego como lo son aries, leo y sagitario. El temperamento flemático estará representado por los signos del elemento agua como lo son piscis, cáncer y escorpio. El temperamento sanguíneo estará conformado por los signos del elemento aire como lo son acuario, géminis y libra. El temperamento melancólico estará conformado por los signos del elemento tierra, los cuales son tauro, virgo y capricornio.

Por lo tanto, de esta manera, superamos la rigidez de los aspectos clínicos y podemos internalizar de mejor manera toda esta información propia del estudio de la mente y la personalidad.

Tanto lo positivo como lo negativo de cada temperamento se puede aprovechar. Por eso no hablamos de un buen o un mal temperamento. Todo es cuestión de hallar el equilibrio y reconocer que ciertas debilidades pueden perjudicarnos, de modo que es ineludible aplicar un balance.

Una de las técnicas para equilibrar esas peculiaridades de cada temperamento es el *Mindfulness* que es un ejercicio mental que está diseñado para manejar mucho mejor el estrés y nos puede ayudar a despertar y salir de ese modo automático, conocido también como la rutina en la cual viven sumergidas la gran mayoría de personas.

Antes de continuar quiero contarte esta historia que escuché hace mucho tiempo de Karina Valenzuela y sé que nos ayudará a comprender la importancia de no permitir que la rutina se apodere de nuestra vida y de nuestro entorno:

Hubo una vez en la historia del mundo un día terrible en el que ODIO, que es el rey de los malos sentimientos, los defectos y las malas virtudes, convocó a todos sus súbditos a una reunión urgente.

Vinieron de todas partes del mundo y los deseos más perversos del corazón humano llegaron a esta reunión, con curiosidad por saber cuál era el propósito.

Cuando estuvieron todos reunidos, ODIO se puso de pie y dijo: Los he reunido a todos porque deseo con todo mi corazón matar a alguien. Los asistentes no se extrañaron mucho, pues era ODIO quien les estaba hablando y él siempre quería matar a alguien; sin embargo, todos se preguntaban entre sí quién era tan difícil de matar para que ODIO, los necesitara a todos.

Quiero voluntarios que maten al odioso AMOR, dijo. Muchos sonrieron, ya que casi todos querían hacerlo de una u otra forma.

El primer voluntario fue Mal Carácter. Yo iré y les aseguro que en un mes, AMOR habrá muerto. Provocaré tal discordia e ira que no lo soportará, les dijo a todos.

Al cabo de un mes se reunieron otra vez para escuchar lo sucedido, pero Mal Carácter tenía malas noticias. Les dijo: Lo siento, lo intenté todo, pero cada vez que yo sembraba una discordia, AMOR la superaba y salía adelante.

Fue entonces cuando se ofreció Ambición que haciendo alarde de su poder dijo: En vista de que Mal Carácter fracasó, iré yo. Desviaré la atención de AMOR hacia el deseo por la riqueza y el poder, y no podrá vencer la tentación. No fallaré.

Ambición inició el ataque hacia su víctima, quien efectivamente cayó herida, pero después de luchar ferozmente, renunció a todo deseo de poder y triunfo.

ODIO se enfureció por el fracaso de Mal Carácter y Ambición y decidió enviar a Celos, quien burlón y perverso inventaba toda clase de artimañas y situaciones para despistar y llenar de dudas y sospechas infundadas a su adversario AMOR. Pero este no tenía ninguna intención de morir, y con valentía y fortaleza lo venció.

Año tras año, ODIO siguió en su lucha y envió a sus más hirientes compañeros: Frialdad, Egoísmo, Indiferencia, Pobreza y a muchos otros, pero todos fracasaron, porque cuando AMOR se sentía desfallecer, tomaba de nuevo fuerzas y todo lo superaba.

ODIO convencido de que AMOR era invencible, les dijo a los demás: Nada se puede hacer, hemos perdido la batalla. AMOR lo ha soportado todo, llevamos muchos años insistiendo y no lo hemos logrado.

De pronto, de un rincón del salón se levantó un sentimiento poco conocido, su rostro era poco visible, por lo que nadie lo reconoció. Con voz muy firme y con mucha autoridad, dijo: Yo me encargaré de AMOR.

Confundido, pero con mucha alegría, ODIO dijo: Ve y hazlo.

Tan solo habían pasado unos días cuando ODIO volvió a llamar a todos los malos sentimientos para comunicarles que después de mucho esperar por fin: AMOR había muerto.

El sentimiento poco conocido se puso de pie, se dirigió a los presentes y les dijo: Ahí les entrego el cuerpo sin vida de AMOR. Está muerto como deseaban todos ustedes, y sin decir nada más se marchó.

Espera, dijo ODIO: ¿Cómo has podido vencerle en tan poco tiempo? ¿Acaso no hizo el menor esfuerzo para sobrevivir? ¿Quién eres tú?

El sentimiento mostró por primera vez su horrible rostro y dijo: Soy LA RUTINA.

Moraleja: La rutina es el peor enemigo del amor humano, pero déjame decirte que hay un AMOR, que ni el tiempo, ni la distancia, ni siquiera un sentimiento de maldad puede matar, porque ese amor es incondicional y eterno, no tiene principio ni fin, ese amor es el de tu creador. Y recuerda que la rutina es ausencia de amor, monotonía, y "la monotonía es falta de energía" (dice la cantante Laura Pausini), significa que está ya muerto el amor. El amor es un fuego al que hay que echar cada día cosas nuevas: "Los pequeños actos de cortesía endulzan la vida, los grandes la ennoblecen". (Karina Valenzuela).

Mindfulness es y será una de las mejores formas para poder vivir presentes y conscientes de lo que estamos sintiendo, haciendo y pensando en nuestro tiempo presente a fin de evaluar lo que trae como consecuencia.

El *mindfulness* se trata de elevar la voz de la consciencia, por ejemplo, en el caso del melancólico una de sus debilidades a trabajar es el cambio emocional demasiado drástico, pesimista. Casi siempre está pensando de forma negativa, suele ser muy caótico y llevar todo a un escenario terrible y catastrófico. Para poder sacarlo de ese estado podemos preguntarle: "¿Estás segura o seguro de que todo lo haces siempre mal? ¿Me podrías decir, aunque sea una sola cosa, qué haces bien?".

También podemos decirle a alguien que tiene un temperamento melancólico, que no está solo o sola y que estaremos ahí para ayudarles cuando ellos lo necesiten. En algunos casos también podremos decirles con toda libertad que nos preocupa verlos así y que nos gustaría poder ayudarles. De hecho, no hay nada de malo en que si la ocasión lo amerita le podamos expresar nuestros sentimientos y decirle que tenemos la sensación de que algo le está pasando o preocupando y que quizás está pasando por un momento difícil.

Con estas preguntas y comentarios lo vamos a poder ayudar a que pueda utilizar su corteza neofrontal, y sus dos hemisferios empezarán a funcionar y despertaremos así su conciencia de una manera diferente. Y la razón es porque se les permite la oportunidad de hacerse conscientes y recordar eventos positivos. La persona empieza a buscar en sus memorias situaciones que lo sacan del pesimismo y centrarse en el aquí y el ahora. La idea es poner a trabajar la mente en otra frecuencia.

Si hablamos de alguien flemático que está demasiado ansioso, porque ha pospuesto una entrega y debe consignarla urgentemente, a través del ejercicio de elevar su consciencia, podríamos ayudarlo a salir de ese estado de ansiedad y hacerlo pensar en las opciones que tiene a su alcance. Esto lo ayudará a enfocarse en lo que está ocurriendo en ese preciso instante, y ver que lo que está en el futuro y le causa tanto temor no existe, y lo que dejó de hacer en el pasado ya no lo puede retomar. Solo tiene en sus manos el presente. Así combatimos ese miedo a lo desconocido, llamado ansiedad.

En el caso de un colérico que ha sido demasiado cruel, déspota, sarcástico con sus hijos o con su pareja, y corre el riesgo de perderlos, el trabajo con esta persona sería desde la toma de consciencia de su accionar. ¿Cuánto te ha servido reaccionar de manera iracunda ante la vida? ¿Qué es lo que te molesta tanto? ¿No te parece que en lugar de estar gritando a tus hijos pudieras estar en una empresa liderando a un equipo para alcanzar objetivos en común y recibir reconocimientos como una muestra de respeto y aprecio por tu labor? ¿Sabías que puedes utilizar tu impulsividad para ganar dinero en lugar de arriesgar la estabilidad de tu hogar? Se trata de enfocarlo y encararlo a lo negativo, porque es importante que pueda ver de dónde viene su propio veneno. Una suerte de suero antiofídico que detiene el efecto de la ponzoña con el propio veneno como antídoto.

Pensemos en un sanguíneo que está sumido en una depresión, porque ningún temperamento está exento de la tristeza y la ansiedad, suponiendo que es una mujer que ya no se arregla, está encerrada en sí misma, no se expresa, no exterioriza, toda una serie de comportamientos opuestos a lo que es su temperamento. En este caso, es importante despertar su entusiasmo, con preguntas del tipo: ¿qué es lo que más te gusta hacer?, ¿dónde quisieras estar justo ahora?, ¿cómo te visualizas en ese lugar especial? Estos ejercicios de visualización permiten que un sanguíneo conecte con su esencia y pueda ser consciente que lo que está pasando es temporal, que puede retomar el entusiasmo y la alegría por vivir. Y como al sanguíneo le gusta hablar, seguro podrá explayarse en esa visualización con lujo de detalles.

La toma de conciencia funciona de manera similar a lo que hacían nuestros ancestros, quienes para regular el calor en su cuerpo tomaban bebidas calientes que le ayudaran a controlar la temperatura de adentro hacia afuera. Algo así puede trabajarse con los temperamentos, en lugar de luchar contra su naturaleza es cuestión de trabajar desde ella para regular y estabilizar. Como nos enseñan en defensa personal, que en el caso de estar siendo atacados por la espalda, en lugar de ejercer resistencia forcejeando hacia adelante, más bien, es importante que tomemos nuestro propio peso para impulsarnos hacia atrás y dejarnos caer, obviamente el atacante llevará la peor parte y podremos salir bien librados.

No se trata de ir en contra de nuestra propia naturaleza, sino partir de allí en aras de mejorar, sanar y, por ende, ser más felices.

Si logramos elevar nuestra consciencia por medio de este tipo de cuestionamientos, vamos a trascender más fácilmente las debilidades propias de nuestro temperamento. En este punto, podemos hablar de un balance.

Tratemos ahora de ver toda esta teoría en una situación familiar. Pongamos el caso de una pareja conformada por una esposa sanguínea y un esposo flemático. El marido todos los días llega quejándose del trabajo, cargado de frustración y enojo, por lo que termina acumulando sus deberes y se mantiene desmotivado. Un buen día, la esposa, que es sanguínea y no le cuesta expresarse, le increpa a que renuncie y salga de ese círculo vicioso. Para el marido flemático esto es motivo de mucha ansiedad, porque lo está obligando a tomar una decisión, lo cual es realmente complicado para su temperamento. De allí la importancia de utilizar las preguntas en lugar de dar directrices.

Un mejor escenario para ambos habría sido que la esposa le dijera: "¿Cómo te puedo ayudar?". Enseguida el marido sentiría la contención de su esposa y en el mejor de los casos se daría cuenta de que está en sus manos la solución y no en su familia.

A través de la toma de consciencia aprendemos a equilibrar las fortalezas, debilidades y amenazas de nuestro temperamento y lo convertimos en carácter.

Tu carácter será aquello que tú elijas moldear.
John Lubbock

El carácter es el temperamento formado. Las experiencias alterarán y modificarán nuestro carácter a lo largo de nuestra vida. Mientras que con el temperamento nacemos y es el cimiento de cómo somos, el carácter resulta del trabajo de moldear ese primer rasgo inicial. Así, el carácter es modificable, educable y se puede tallar en sus diversas manifestaciones externas.

Generalmente, la base del carácter se conforma en la niñez y en la adolescencia, a través de las relaciones, la educación, la interacción social y las experiencias.

En la caracterización general, en psicología hay ocho tipos de carácter[12]:

1. Carácter colérico (emotivo, activo)
2. Carácter apasionado (emotivo, activo)
3. Carácter nervioso (emotivo, inactivo)
4. Carácter sentimental (emotivo, inactivo)
5. Carácter sanguíneo (no emotivo, activo)
6. Carácter flemático (no emotivo, activo)
7. Carácter amorfo (no emotivo, inactivo)
8. Carácter apático (no emotivo, inactivo).

La persona con carácter colérico es activa, por lo general le gusta practicar algún deporte. Es luchadora, determinante y apasionada. Dice lo que piensa, no anda con rodeos y le gusta mandar y dominar. Se le da muy bien improvisar, aunque puede ser que a veces esté algo dispersa y deje proyectos sin concluir.

Un carácter apasionado le pertenece a una persona con grandes aspiraciones, cuyas emociones son fuertes. Se enoja con facilidad, pero sabe mantenerse firme y enfocado hacia la meta. Es de esas personas que son capaces de hacer cosas extraordinarias a favor de un ideal.

---

12 Las tipologías del carácter suelen variar de un autor a otro. En este libro nos centraremos en las propuestas por René Le Senne, filósofo y psicólogo idealista francés.

El carácter nervioso corresponde también a una persona emotiva, pero que resulta intensamente impresionable a todos los estímulos externos. En cualquier circunstancia, por muy insignificante que parezca, se puede disparar su sensibilidad. Aunque no son activos poseen una energía extraordinaria que se manifiesta en instintos y pulsiones, por lo que pueden excederse en sus reacciones sin medir las consecuencias.

El sentimental se caracteriza por ser alguien tímido, sus emociones también están a flor de piel; sin embargo, es más propenso a la reflexión y al autoanálisis. Suelen ser personas que prefieren estar a solas, por lo general son pesimistas y desconfían de los demás. Pueden llegar a ser muy indecisos. Son de pocos amigos porque se fijan más en la calidad que en la cantidad, son personas fieles y constantes.

Un carácter sanguíneo lo vemos en una persona inteligente, activa y capaz de trabajar en muchos espacios a la vez, pero de manera superficial. Son personas que tienden a satisfacer sus necesidades de forma rápida. Aunque se muestren alegres, abiertos y locuaces, pueden llegar a ser muy fríos y poco sensibles. Necesitan mantenerse ocupados.

Los flemáticos de carácter son, por lo general, personas muy pacientes, hablan poco y no se les da muy bien la vida social. Son bastante metódicos, reflexivos, prudentes, austeros, honrados, prácticos y poco imaginativos. Se adaptan con facilidad a diversas situaciones aun cuando sean poco expresivos.

Un carácter amorfo lo suelen tener las personas muy perezosas y desordenadas. Son impuntuales y no suelen apegarse a ciertas normas. Prefieren la improvisación más que la planificación, viven el presente inmediato. Gozan de ser personas sinceras, amables y tolerantes.

Por último, el carácter apático es propio de alguien poco sociable, rutinario, melancólico, indiferente e intransigente. No demuestra mucho sus afectos. Aunque es bastante disciplinado y equilibrado, no suele comprometerse en actividades que exijan grandes esfuerzos. Carece de imaginación y pasión, pero suelen ser personas confiables.

Todo nuestro comportamiento y accionar se puede mejorar. Si queremos ser más optimistas y productivos lo podemos conseguir, nadie nos lo impide. Solo tenemos que trabajar en equilibrar nuestro temperamento, modelar nuestro carácter y conseguir que prevalezca el lado positivo de las cosas por encima de lo negativo.

Siempre sé tú mismo, exprésate, ten fe en ti,
no salgas a buscar una personalidad exitosa
para duplicarla.
Bruce Lee

Otra condición para considerar cuando hablamos de temperamento, carácter y personalidad es el tipo de cerebro que tenemos. Existen cinco tipos de cerebro: compulsivo, impulsivo, compulsivo-impulsivo, triste y ansioso.

CEREBRO COMPULSIVO:

Las personas con este tipo de cerebro predominante tienen problemas en cambiar su atención inmediatamente, se quedan atrapados en su preocupación, piensan en comida o comportamiento compulsivo. También se quedan atrapados en ansiedad o pensamientos depresivos. Sus mecanismos tienden a quedarse atrapados en un curso de acción. Tienden a tener problemas en ver otras opciones y quieren que las cosas sean como ellos quieren. Luchan con inflexibilidad cognitiva y tienden a ver muchos errores en ellos mismos y los demás. Tienden a guardar rencores y se comportan argumentativos oponiéndose.

Los aspectos a resaltar de este tipo de cerebro son: actividad aumenta en la parte frontal del cerebro, especialmente en el área llamada "giro singulato", que es donde el cerebro gira. Esto es causado por niveles bajos en cerebro de serotonina.

El plan de acción consiste en aprender a distraerte cuando tengas el mismo pensamiento más de tres veces. Realizar ejercicio intenso y mantener una dieta de carbohidratos de alta calidad optimiza el nivel de vitamina D y omegas, los cuales son formas naturales de aumentar la serotonina.

CEREBRO IMPULSIVO:

Los sujetos con este tipo de cerebro luchan contra la impulsividad y tienen problemas para controlar su comportamiento, aunque pueden comenzar cada día con buenas intenciones. Este tipo resulta de muy poca actividad en la corteza prefrontal del cerebro (**PFC**), a menudo como un resultado de niveles bajos de dopamina en el cerebro. El PFC actúa como supervisor del cerebro. Ayuda con las funciones ejecutivas, como la capacidad de atención, la previsión, el impulso, el control, la organización, motivación y planificación.

Cuando el PFC está poco activo, las personas se quejan de falta de atención, distracción, aburrimiento, y de ser impulsivos fuera de sus tareas. Este tipo se ve a menudo en personas que tienen ADD/ADHD (trastorno por déficit de atención/trastorno por déficit de atención con hiperactividad), que está asociado con problemas de larga data de poca capacidad de atención, distracción, desorganización, inquietud e impulsividad.

Los hallazgos cerebrales principales demuestran la disminución de la actividad en el PFC, que comúnmente se asocia con cerebro bajo niveles de dopamina.

El plan de acción es el establecimiento estructurado de objetivos, una rutina de ejercicio intenso, una dieta rica en proteínas de alta calidad, aceite de pescado, como omega-3, y optimizar el nivel de vitamina D.

Las formas naturales de aumentar la dopamina incluyen también complementos dietéticos como el té verde, la rodiola y ashwagandha.

CEREBRO COMPULSIVO-IMPULSIVO:

Estas personas tienen la combinación impulsiva y compulsiva. Podrían ser compulsivas a los juegos de azar, pues no tienen mucho control sobre sus impulsos. Este tipo es muy común en hijos o nietos de personas alcohólicas o que en su familia han tenido problemas con el alcohol. También aquellas personas que padecen de bulimia tienen este tipo de cerebro.

Los aspectos del cerebro muestran una actividad en el PFC, que es comúnmente asociado con niveles bajos en el cerebro de dopamina y norepinephrine, aumenta actividad en el giro singulato, el cual es causado por niveles bajos de serotonina en el cerebro.

El plan de acción consiste en estructurar tus metas, realizar ejercicio intenso, mantener una dieta de proteínas de alta calidad, aceite de pescado como omega-3. Optimiza el nivel de vitamina D.

Otras formas naturales de aumentar la serotonina son aquellos suplementos diseñados para enfocarse y que aporten energía.

CEREBRO TRISTE:

Las personas con este tipo tienden a usar alimentos u otras sustancias para medicarse sentimientos subyacentes de tristeza y para calmar las tormentas emocionales en sus cerebros. A menudo luchan con sentimientos de aburrimiento, soledad, depresión, baja autoestima y dolor. También pueden experimentar disminución de la libido, periodos de llanto, bajos niveles de energía y falta de interés en actividades generalmente placenteras, así como sentimientos de culpa, impotencia, desesperanza o inutilidad.

Para algunas personas, estos sentimientos van y vienen con las estaciones y tienden a empeorar en invierno. Otros experimentan sentimientos leves de tristeza crónica, llamados distimia. Aún otros sufren de depresiones más serias. Este tipo es más comúnmente visto en mujeres.

Los hallazgos cerebrales son aumento de la actividad en las áreas límbicas profundas del cerebro. Disminución de la actividad en el PFC, que comúnmente se asocia con cerebro bajo niveles de dopamina o norepinefrina.

El plan de acción consiste en aprender a eliminar el P.A.N. (pensamientos automáticos negativos), incluir el ejercicio intenso, cuidar de la dieta equilibrada entre proteínas y carbohidratos complejos como el aceite de pescado, como omega-3, así como optimizar el nivel de vitamina D.

También puede ayudar un suplemento dietético para apoyo para el estado de ánimo y el movimiento.

CEREBRO ANSIOSO:

Las personas con este tipo de cerebro usan comida u otras substancias para automedicarse y calmar los sentimientos de ansiedad, tensión, nerviosismo y miedo. Estas personas pueden estar llenas de sensaciones de pánico, miedo, inseguridades, y sufren de síntomas físicos como tensión en los músculos, se come las uñas, dolores de cabeza, dolores de estómago, palpitaciones del corazón, les falta aire al respirar y dolores en los músculos.

Los aspectos del cerebro a destacar son la sobreactividad en el ganglio basal, el cual es comúnmente asociado por causa del nivel bajo de GABA.

El plan de acción es aprender a distraerte cuando tengas el mismo pensamiento más de tres veces. Practicar la meditación, hipnosis, respiración desde el diafragma. Así como el ejercicio intenso, una dieta balanceada entre proteínas de alta calidad y carbohidratos de alta calidad, aceite de pescado como omega-3, optimizar el nivel de vitamina D e incluir suplementos dietéticos como el 5HTP, té verde y GABA.

Entender esta teoría de manera sencilla, nos permite a su vez comprender un poco mejor el porqué de nuestras reacciones o, para ilustrarlo mejor, por qué nuestras parejas e hijos se comportan como lo hacen. Si accionamos con una conciencia correcta, entonces podremos evitar pleitos innecesarios, discusiones infructíferas o frustraciones.

Por ejemplo, la esposa en la que predomina el hemisferio derecho puede llegar a ser muy derrochadora y gastar el dinero sin ningún tipo de control, y decir cosas como: "¿Por qué tenemos que preocuparnos del dinero? Total, para eso trabajamos". Si además está casada con alguien en el que predomina también el mismo hemisferio, serán dos personas que posiblemente improvisarán su economía familiar. Pero si, por el contrario, está casada con una persona en la que predomina el hemisferio izquierdo, tendrá eventualmente muchos inconvenientes con esta poco racional forma de ser y pensar.

La compatibilidad en este caso empieza por separar cuentas, por ejemplo, distribuirse los gastos. Una de las recomendaciones es que puedan tener cuatro cuentas diferentes, una para cubrir todas las necesidades y utilizar el mismo porcentaje de dinero; otra cuenta donde pueden tener ahorros exclusivos para casos de emergencias; una tercera cuenta para planes vacacionales o de disfrute; y por último, una cuarta cuenta individual con el dinero restante y que cada uno lo use como lo desee y lo gaste en lo que considere mejor.

A continuación, te invito a que hagamos juntos el siguiente ejercicio básico para que tú puedas saber cuál es el hemisferio predominante de tu cerebro sobre tu personalidad, o al menos aproximarnos a descubrirlo. Todo lo que haremos es entrelazar nuestras manos y prestaremos atención a nuestros dedos pulgares para ver la posición en que queden entrecruzados, así como se muestra en la siguiente imagen:

Una vez nuestras manos estén entrelazadas, observa cuál de tus dedos pulgares está sobre tu otro dedo pulgar y si tu dedo pulgar derecho está sobre tu dedo pulgar izquierdo, entonces muy posiblemente significará que el hemisferio derecho de tu cerebro es el predominante sobre tu personalidad. Por el contrario, si tu dedo pulgar izquierdo está sobre tu dedo pulgar derecho, entonces muy posiblemente significará que el hemisferio izquierdo de tu cerebro será el predominante sobre tu personalidad.

¡Felicidades! Ahora que ya sabes cuál es tu hemisferio predominante sobre tu personalidad, te invito a que leas la información acorde a tu hemisferio en la siguiente fotografía y estoy más que seguro que tendrás una mejor idea respecto a tus virtudes y habilidades que forman parte de tu personalidad y puedas utilizarlas al máximo para obtener el mejor beneficio para tu crecimiento personal.

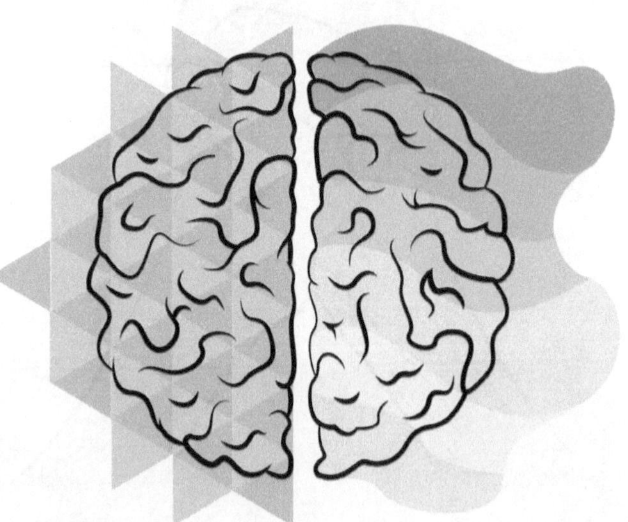

Espero te hayan gustado las historias compartidas hasta ahora al final de cada capítulo. La lectura es un ejercicio de reflexión que nos despierta la imaginación y la creatividad, dos aspectos importantes a la hora de resolver problemas. Te invito a disfrutar de la siguiente historia[13] y al finalizar te dejaré una pequeña reflexión con la que podemos trabajar en el equilibrio de nuestro temperamento:

Esta es la historia de Raúl, jefe de departamento de redacción de un prestigioso medio, un trabajador muy eficiente, pero que tiene muy, pero muy mal carácter. Un día, el director general, cansado de las constantes quejas y renuncias del equipo a cargo de Raúl, a causa de su despotismo y arrogancia, convocó a este a una reunión donde le dio una bolsa con clavos y le dijo que cada vez que perdiera la calma con alguien de su equipo, clavase uno en la pared frente a su escritorio.

Al escuchar tal solicitud, Raúl protestó porque sus empleados creerían que estaba loco, además esa pared se encontraba recién pintada. Su director lo convenció diciéndole que esa era una orden y si no la acataba tendría que despedirlo.

El primer día, Raúl puso 37 clavos en la pared. Al día siguiente, menos, y así durante los días posteriores. Con el paso de los días se iba dando cuenta de que era más fácil controlar su genio y su mal carácter que someterse al escarnio de hendir los clavos en la pared y que sus empleados lo vieran como un trastornado.

Finalmente, llegó el día en que Raúl no perdió la calma ni una sola vez y se lo dijo a su jefe, que no tenía que meter ni un clavo en la pared. Había conseguido, por fin, controlar su mal genio.

---

13 Adaptación del cuento infantil: *El niño y los clavos*. Disponible en: www.guiainfantil.com.

El director, muy contento y satisfecho, sugirió entonces a Raúl que por cada día que controlase su carácter, sacase uno de los clavos.

Los días pasaron y Raúl pudo finalmente decirle al director que ya había sacado todos los clavos de la pared. Entonces su jefe inmediato puso una mano en el hombro de Raúl, lo condujo a su oficina donde estaba la pared agujerada y le dijo:

—Mira, Raúl, trabajaste duro para clavar y quitar los clavos de esta pared, pero fíjate en todos los agujeros que quedaron. ¡Jamás será la misma!

» Lo que quiero decir es que cuando dices o haces cosas con mal genio, enfado y mal carácter, dejas una cicatriz, como estos agujeros en la pared. Ya no importa que tanto te disculpes. La herida estará siempre allí. Y una herida física es igual que una herida verbal. Hemos perdido gente valiosa porque fueron heridos por tus palabras en cada arrebato de ira.

»Nuestro equipo de trabajadores, así como tú, son profesionales capacitados, y de los mejores del país, porque nos encargamos de una selección minuciosa; representan verdaderas joyas que hay que valorar. Ellos con su esfuerzo diario te animan a mejorar. Si se les trata con respeto y justicia te escucharán, te darán incluso palabras de aliento y tendrán su mejor disposición para el trabajo hecho con excelencia.

Las palabras del director, así como la experiencia vivida con los clavos, hicieron que Raúl reflexionase sobre las consecuencias de su temperamento, que pudo ir moldeando desde su carácter.

Cada temperamento tiene la capacidad de subir o bajar la intensidad de sus emociones. Aprender a regularlo desde nuestro carácter es una tarea ardua de cada día, que hacemos desde la consciencia, desde la reflexión acerca de la consecuencia de nuestros actos. ¿Qué tantos agujeros han dejado mi forma de reaccionar? ¿Qué tanto he lastimado a otros? ¿Qué tan indisciplinado he llegado a ser para estar en la situación en que me encuentro? ¿Qué tan rutinario me he vuelto? ¿Qué tan frío me he comportado con quienes amo? Así como en la historia, hay agujeros que jamás se cerrarán, pero sí podemos evitar abrir nuevas heridas desde el autocontrol, sea cual sea nuestro temperamento.

Vamos a continuación a descubrir la gama de colores que se desprenden de estos cuatro temperamentos: las personalidades. Ahora sí comenzaremos a reconocernos y entendernos.

CAPÍTULO 4

ENEAGRAMA Y LOS TIPOS DE PERSONALIDAD

El enojo es la razón de la destrucción propia de cada ser humano.
Dr. Arodi Martinez

Existen muchas herramientas para conocer la personalidad de los individuos, sin embargo, considero que el eneagrama es una de la más acertada, porque ofrece todo un mapa del comportamiento humano a través de 9 eneatipos, o tipos de personalidad, que nos orientan a grandes rasgos a conocer nuestra forma de ser, sentir y hacer de acuerdo con ciertas características predominantes que nos identifican.

Esta teoría no persigue otra cosa que darnos la oportunidad de conocernos, comprendernos y en el mejor de los casos aceptarnos, y una vez que llegamos a ese nivel de aceptación nos prepara para conocer y comprender a los demás. A través del conocimiento podemos liberarnos de los juicios de valor y comenzar a entender verdaderamente de dónde viene nuestra forma de ser y sentir, o de dónde viene esa manera de reaccionar de nuestros hijos, por ejemplo.

Cada parte del eneagrama nos revela verdades psicológicas y espirituales acerca de quiénes somos, profundizando nuestra comprensión, a la vez que nos sugiere soluciones para enfrentarnos a las diferentes faenas en nuestro diario vivir.

Eso sí, el eneagrama solo puede servirnos si somos sinceros con nosotros mismos. De ello depende su efectiva aplicación.

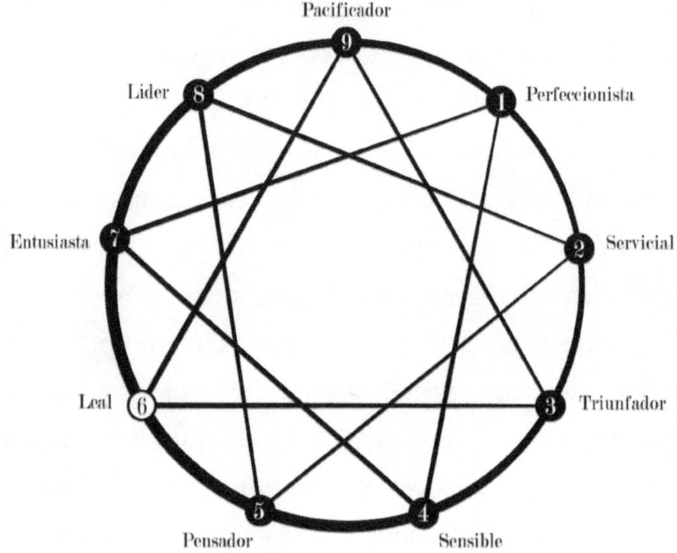

Aun cuando la gráfica del eneagrama es una figura geométrica que representa los 9 tipos de personalidad fundamentales con sus interrelaciones y evoque una estrella con líneas transversales como si de una constelación se tratara, no representa nada esotérico, ni mágico, y por más que pudiéramos establecer ciertas analogías, tampoco está vinculado con la astrología. La estrella no es más que una manera ilustrativa de identificar esos vínculos que se establecen entre las diferentes personalidades.

El eneagrama es una herramienta que surge del estudio del comportamiento humano. La palabra proviene del griego ennea-gramma que significa nueve líneas en las que se reúnen ciertas características de la condición humana.

Se trata, pues, de nueve maneras básicas del comportamiento humano. Son nueve patrones generales. Esto no quiere decir que solo existan nueve tipos de personas en todo el mundo y todos los eneatipos 1 son réplicas exactas e inalterables. Todo lo contrario, cada ser humano es una expresión única e irrepetible de esos patrones. Nuestra infancia, nuestras experiencias, nuestras relaciones no son las mismas; por lo tanto, cada uno tiene diferentes formas de manifestar su personalidad.

El eneagrama de la personalidad y los eneatipos funcionan de manera parecida. Nos permite agrupar características generales y predominantes para describir tipos de personalidad, sin que ello implique que alguien sea idéntico a otro, solo que comparten rasgos comunes en su forma de ser, de ver el mundo y de interpretar la realidad que les rodea. Es como una configuración preestablecida la que compartimos en cada eneatipo.

Los orígenes de esta representación de las personalidades no vienen de una sola fuente o de un solo autor, es más bien la combinación de varias tradiciones de sabiduría antigua vinculadas a la psicología moderna, de allí que resuene con aspectos de cosmología y espiritualidad.

El precursor de la aplicación de esta herramienta en el campo de la psicología y el estudio de la personalidad fue Claudio Naranjo[14], psiquiatra, filósofo y activista, quien desarrolló a lo largo de medio siglo una gran síntesis de métodos terapéuticos en los que destaca la psicología de los eneatipos y establece las nueve tipologías básicas identificadas con números. En una de sus conferencias, el maestro Naranjo habló de sus influencias de la siguiente manera:

____

14 Naranjo, Claudio. (2017). *Ensayos sobre psicología de los eneatipos.* Ediciones La Llave.

El eneagrama es un símbolo geométrico que tiene nueve puntas, se dio a conocer originalmente por George Gurdjieff[15], maestro espiritual muy misterioso que apareció poco antes de la Revolución rusa, formado en Armenia, Georgia, Medio Oriente. Él habló de la influencia de una escuela desconocida para los occidentales hasta entonces yo fui uno de los que cayó bajo su influencia y fui muy tocado por él (…) La aplicación del eneagrama a los caracteres humanos no es que haya descubierto tipos nuevos, por ejemplo en Shakespeare uno puede encontrar los eneatipos 1, 2, 3 y 4 hasta el 9 (…) La literatura y el cine viven de la observación de los caracteres, independiente de la trama. Pero se puede organizar ese conocimiento a través de la aplicación de este mapa que es el eneagrama, y fui yo quien les dio números porque me parecían muy feas las palabras que les daba Óscar Ichazo[16].

Para Alberto Peña Chavarino, psicólogo sanitario y experto en psicología de la personalidad, esta herramienta le permitió darse cuenta de que su forma de pensar, de ser y de relacionarse con los demás, estaba escrita y aunque todos tenemos un poco de cada una hay tendencia a ser como somos y áreas de mejora.

---

15 Gurdjieff trae conceptos novedosos para Europa Occidental, como por ejemplo el eneagrama del cuarto camino, que fueron muy poco difundidos dentro de esta, ya sería por cuestiones políticas o por motivos religiosos, pero que inspiraron a otros estudiosos para desarrollar este campo de estudio que hoy constituye una importante herramienta en la búsqueda de la superación personal.

16 Óscar Ichazo filósofo boliviano y originador de la Filosofía Integral. Su teoría del Eneagrama de la Personalidad de Ichazo se reconoce con el de Eneágono. Forma parte de sus hallazgos que él mismo denomina Protoanálisis y cuyo fin es la adquisición del bien supremo de la iluminación. En este sistema también encontramos 9 formas en que el ego se manifiesta y se fija en la mente conformando así la autoimagen del individuo.

> *Conocerse a sí mismo es conocer al falso ser,*
> *a ese idiota que llevamos dentro que constantemente nos hace sufrir.*
> **Claudio Naranjo**

Cuando uno logra verse a sí mismo, está comenzando a hacerse sabio. Es duro el autoconocimiento, pero es importante saber lo que uno experimenta, tener conciencia de lo que se siente. Es sanador tomar conciencia de la agresividad inconsciente, del dolor inconsciente, del miedo inconsciente. Para sanar el odio, que es una plaga generalizada, inseparable del hiperdeseo, de la codicia, de la necesidad neurótica de más, es necesaria la aceptación sincera de esos sentimientos en uno.

A todos nos mueve un profundo desasosiego interior, que tal vez experimentamos como una sensación de que nos falta algo, aunque es difícil definir qué es exactamente. Tenemos todo tipo de ideas sobre lo que creemos que necesitamos o deseamos: una relación mejor, un buen trabajo, un excelente aspecto físico, un coche nuevo, etcétera. Creemos que si conseguimos esa relación perfecta o ese trabajo ideal o ese "juguete" nuevo desaparecerá el desasosiego y nos sentiremos satisfechos y completos. Pero la experiencia nos enseña que el coche nuevo solo nos hace sentir mejor durante un tiempo. La nueva relación puede ser maravillosa, pero jamás nos llenará totalmente del modo que creíamos. ¿Qué es, pues, lo que buscamos en realidad?

Si reflexionáramos un momento podríamos comprender que lo que anhelan nuestros corazones es saber quiénes somos y para qué estamos aquí; pero pocas cosas en nuestra cultura nos animan a buscar respuestas a estas importantes preguntas. Se nos ha enseñado que la calidad de nuestra vida mejorará principalmente si mejora nuestra fortuna externa, aunque tarde o temprano comprendemos que las cosas externas, si bien valiosas, no sirven para tratar la inquietud profunda de nuestra alma.

Ahora bien, ¿dónde buscar respuestas? Muchos de los libros actuales sobre transformación personal hablan, conmovedoramente, sobre el tipo de persona que todos desearíamos ser. Reconocen la importancia fundamental de la comprensión, la compasión, la comunidad, la comunicación y la creatividad; pero por hermosas y atractivas que sean esas cualidades, nos resulta extraordinariamente difícil mantenerlas o ponerlas en práctica en nuestra vida cotidiana.

Nuestros corazones ansían que volemos muy alto y, sin embargo, casi siempre caemos, para estrellarnos con dolor contra las rocas del miedo, los hábitos contraproducentes y la ignorancia. Con demasiada frecuencia las buenas intenciones y los nobles deseos se convierten en nuevas causas de desilusión. Entonces nos desanimamos, volvemos a nuestras distracciones conocidas y tratamos de olvidar todo el asunto.

¿Están equivocados o mal orientados la mayoría de los libros de divulgación de psicología? ¿Somos los seres humanos incapaces de vivir vidas más completas y gratificantes? A lo largo de la historia, los grandes maestros espirituales y morales han insistido siempre en que tenemos la capacidad para lograr la grandeza, que somos, de hecho, criaturas divinas en un sentido bastante real. ¿Entonces por qué nos cuesta tanto reconocer este estado y vivir de acuerdo al mismo?

Cualquier método eficaz para crecer debe tomar en cuenta el hecho de que hay tipos diferentes de personas, tipos diferentes de personalidad. A lo largo de la historia se han propuesto muchos sistemas psicológicos y espirituales para tratar o explorar este conocimiento esencial: la astrología, la numerología, los cuatro temperamentos clásicos (flemático, colérico, melancólico y sanguíneo), la teoría de los tipos de personalidad de Jung (orientación hacia la extraversión o la introversión, y funciones de intuición, sensación, sentimiento y pensamiento) y muchos otros.

Además, estudios recientes sobre el desarrollo del niño y de la ciencia del cerebro han indicado que las diferencias fundamentales de temperamento entre distintos tipos de personas tienen una base biológica.

Esta diversidad explica por qué un consejo bueno para una persona puede ser desastroso para otra, ya que al comprendernos a nosotros mismos y comprender nuestras relaciones, nuestro crecimiento espiritual y muchos otros asuntos importantes, veremos que el factor esencial es el tipo de personalidad.

La mayoría de nosotros sabemos y estamos seguros de que el conocimiento de los tipos de personalidad es necesario en muchos ámbitos: en educación, en las ciencias, en los negocios, la literatura, la terapia y, por encima de todo, en la espiritualidad y el trabajo de transformación. De allí proviene la importancia de este capítulo, de reconocer y validar esta herramienta del eneagrama, que no es más que una entre muchas otras formas de acercamiento. La transformación y la evolución como personas no se ciñe a una fórmula única y exacta, es una búsqueda constante que se abraza a cada tipo de personalidad para poder materializarse.

Sería ambicioso y poco factible agotar este tema en un solo capítulo. Por lo tanto, estas líneas son solo un abreboca del fascinante mundo del eneagrama. A continuación, veamos las principales características de cada eneatipo a fin de que podamos ir ubicando el que mejor nos define, no solo en el actual momento sino a lo largo de la vida, y de acuerdo a ello analizar las potencialidades y dificultades propias de cada eneatipo. No hay eneatipos buenos o malos, todos tienen su lado luminoso y su lado oscuro, lo importante es hallar un justo balance que nos acerque al bienestar y a la felicidad propia y de nuestro entorno.

En tanto se encuentren en equilibrio, todos los eneatipos tienen rasgos positivos, competencias y fortalezas, por eso no hablamos de un eneatipo bueno u otro malo. Los problemas o aspectos negativos afloran cuando se encuentran en desequilibrio o desconectados de su propósito.

1. Perfeccionista o reformador

Define a las personas que se encuentran en la búsqueda constante de la perfección. Pueden obsesionarse fácilmente de manera compulsiva con el orden. No toleran a quienes no llenan sus expectativas de excelencia, o quienes sean diferentes a lo que espera. No solo se exige a sí mismo, sino también a los demás.

Evitan a toda costa la crítica, por eso se esmeran en hacer las cosas lo mejor posible, nunca están satisfechos y piensan que todo puede ser mejorable. Se muestran muy serios en todo lo que hacen y siguen sus principios cabalmente.

En desequilibrio pueden llegar al enfado rápidamente. Por lo general lo interiorizan, pero pueden estallar en cualquier momento. Eventualmente, pueden convertirse en una persona adicta al trabajo, anteponen sus responsabilidades por encima de la familia y el placer. Pueden tornarse inseguros porque no les gusta tomar decisiones; asimismo son muy posesivos y pueden sufrir de celos.

En equilibrio son personas sumamente detallistas. Como pareja son capaces de llenar de detalles a la otra persona, pueden convertir con mucha facilidad lo ordinario en algo extraordinario, gracias a sus detalles y cuidados. Cuando su lado cognitivo está más despierto, controlan sus impulsos, primero piensan y luego actúan con control de sus emociones.

Cuando el eneatipo 1 se acepta y entiende que su vida es perfecta tal como es y que los demás también están en el proceso de convertirse en su mejor versión, se transforma en una persona más optimista, menos obsesiva y, por lo tanto, más feliz.

La emoción que lo define es la ira.

2. Encantador o ayudador

Son personas bondadosas, siempre están buscando la manera de ayudar a otros, principalmente porque en el fondo no quieren estar solos, necesitan conectar y vincularse con los demás. Necesitan sentirse queridos y deseados. Sienten la necesidad de acompañar para recibir la misma atención y compañía. Piensan que los valorarán interesándose por los demás y adaptándose a ellos. Demuestran con facilidad sus sentimientos y emociones.

En desequilibrio pueden llegar a ser bastante impulsivos, de esos que salen a comer una pizza a la 1:00 a. m. con un litro de una bebida gaseosa sin ningún tipo de remordimiento. Pueden ser algo posesivos y de allí que se pueda confundir con el eneatipo 1, con la diferencia de que el encantador suele ser bastante cariñoso. Son personas que deben cuidarse de los apegos porque pueden llegar a convertirse en dependientes emocionales. También pueden ser muy rebeldes y tratan de huir de los problemas. Aun cuando son muy solidarios, también pueden llegar a ser bastante manipuladores.

En equilibrio, establecen complicidad, confianza y relaciones a largo plazo. Si logran amarse y valorarse a sí mismos antes que a los demás, pueden ayudar realmente de manera desinteresada y es magnífico porque terminan siendo personas bastante altruistas.

La emoción que lo identifica es el orgullo.

3.Luchador o triunfador

Es una persona que busca resaltar por encima de los demás, por eso se esmera en mostrar su faceta más eficaz, luce su éxito, sus logros, sus bienes. Peleará el éxito con garra y diente. Busca la admiración y adapta su comportamiento al entorno social. Su estilo siempre es bien combinado y de punta en blanco, sin caer en la vanidad, pero le interesa su imagen.

En desequilibrio intenta mantener su imagen pública como dé lugar, lo que le obliga a ocultar sus emociones, más por miedo al rechazo que por querer engañar. Con el afán de obtener validación de las demás termina siendo muy arrogante, vanidoso, ambicioso y competitivo. Propenso a ser controlador, pero también corre el riesgo de ser fácilmente manipulado desde su ego, si alguien refuerza su necesidad de ser halagado obtendrá lo que desea de un luchador. Si quieres obtener su atención edifícalo y halágalo. Tendrás lo que quieras de esa persona si refuerzas esa necesidad de ser admirado.

En equilibrio son personas sobresalientes, honestas, confiables y genuinas. Para encontrar ese equilibrio, un eneatipo 3 tiene que entender que no vale por lo que tiene sino por lo que es capaz de ofrecer, cuando descubre su verdadera vocación su vida cambia por completo, sigue siendo competitivo, pero de una manera amorosa.

La vanidad es una palabra que los define.

4. Individualista y melancólico

Tiende a ser una persona introspectiva y melancólica. Es proclive a colocarse siempre en el papel de víctima: "Nadie me quiere", "mundo cruel que no me comprende". Idealizan a todas las personas que lo rodean al punto de deprimirse fácilmente cuando las personas no son lo que ellos piensan. Necesita sentirse auténtico, especial y único. Busca continuamente realizarse como persona.

Cuando logran aceptarse a sí mismos y no esperan el afecto de nadie más, aprenden a valorarse y ya no necesitan compararse con otros o envidiar a los demás. Todo lo contrario, en equilibrio son capaces de sentir empatía hacia las demás personas y ayudarles a superar ese papel de víctima que conocen muy bien. Pueden llegar a ser muy buenos psicólogos o terapeutas porque trabajan desde la comprensión de lo que han vivido.

En desequilibrio pueden ser extremadamente emocionales o bien ensimismarse por completo. Es decir, pueden tener reacciones emocionales excesivas hacia lo externo o a lo interno. Corren el riesgo de caer en depresión con facilidad. Son rencorosos.

El eneatipo 4 tiende a sufrir de dependencia emocional. Depende del amor de otros porque es incapaz de dárselo a sí mismo. No es capaz de reconocer lo que tiene a su favor, se enfoca únicamente en aquello que le falta. Es una persona insatisfecha. Por ejemplo, un individualista que tenga que ser internado en un hospital verá quiénes de sus amigos y familiares no fueron a verlo e ignorará por completo todo el equipo médico que trabaja a su favor. Siempre verá el vaso medio vacío, es por esta inconformidad que se encuentra en el grupo de los flemáticos.

Cuando se siente ignorado o poco tomado en cuenta, arremete contra el mundo. Se vuelve agrio y temperamental como reacción a esa incomodidad.

5. Investigador o analítico

Las personas con este eneatipo se caracterizan por ser frías y distantes, suelen ser algo solitarios. Se relacionan con cierta distancia. No les gusta el contacto físico con extraños, anteponen ciertas manías a la hora de establecer relaciones. Son muy observadores y analíticos, reservados e innovadores.

Buscan la libertad y la autonomía. En ocasiones, muestran conductas de desapego. Puede estar en pareja, pero exigen que se les respete su espacio, pueden disfrutar de la compañía de alguien más, pero sin abrumarse. Tienen siempre muchas ideas, pero no concretan las mismas. Sobrepiensan las cosas en demasía, no pueden parar de pensar. De hecho les cuesta dormir.

Cuando no está equilibrado suele distanciarse de la gente y de los sentimientos. Llegan a parecer inalcanzables. Suelen estar solos. Aunque estén en una fiesta rodeados de gente, se sienten solos. Son personas consideradas tímidas por los demás.

Si bien aunque su naturaleza y esencia sea la timidez, lo que está detrás verdaderamente es una profunda rabia no expresada, ira de no poder ser como los demás, de sentirse incómodo y fuera de lugar, porque en el fondo es alguien muy inseguro y desconfiado.

Pueden ser algo vengativos e inestables, cambian de decisión con facilidad. Se pueden convertir en avariciosos.

Cuando se encuentran en equilibrio llevan mejor sus relaciones, confían en sí mismos y se muestran cercanos, quitan algunas barreras emocionales que los limitan. Son personas muy originales, no tratan de imitar a otros, pero sí se aceptan a sí mismos. Ya no se pierden sintiéndose fuera de lugar en cada espacio. Su capacidad de analizar muy bien las cosas puede jugar a su favor convirtiéndolo en una persona innovadora, puede darles nuevos matices a las cosas, por ejemplo en la música suelen darle giros y nuevos sabores a los géneros tradicionales.

Palabra clave para este eneatipo, disciplina.

6. Leal o prudente

Es una persona que necesita sentirse segura, tener certezas, saber qué va a ocurrir. Dada esa necesidad de estabilidad es prudente, prioriza a la familia y a su hogar. Es fiel. Se compromete al 100 %. Por lo general tiene relaciones duraderas tanto en el plano personal como profesional. Piensa bien las cosas antes de tomar decisiones importantes. Proyecta esa misma confianza que busca en los demás.

En desequilibrio suelen ser personas temerosas y ansiosas porque están siempre pensando en el futuro. Se angustian incluso por las cosas cotidianas que no representan mayor dificultad como el pago de la renta sin demora. Pareciera que no pueden dejar de estar preocupados.

Si no controlan sus niveles de ansiedad, pueden ser irritables, conflictivos y que permanecen a la defensiva. Su nivel de autoexigencia es propio de los melancólicos, de allí que haga tríada con los eneatipos 9 y 3, ya que se mueven casi en el mismo nivel en este aspecto. Les preocupa fallar o no estar a la altura de lo que se espera. Están más dados al pensamiento crítico en esa tríada.

Son tan desconfiados que no confían ni en ellos mismos; por esa razón dependen de otros y les otorgan ese poder a los demás.

En equilibrio son muy responsables, cumplen con su trabajo a cabalidad, son leales a sus afectos y principios. Para conseguir un balance en su personalidad, este eneatipo se beneficia muy bien con la meditación, ese proceso de introspección despertará la confianza en sí mismo y a reconocer que todos nos podemos equivocar. En esta dirección dejará de dar el poder a los demás para que decidan por él o ella y empezará a tomar las riendas de su vida. Con un buen proceso de introspección dirigido pueden convertirse en personas muy valientes.

7. Entusiasta

Son personas que necesitan estímulos constantes para mantener el entusiasmo que los caracteriza. Andan a toda máquina la mayoría del tiempo, son hiperactivos y algo desenfocados. Precisa de novedades en su vida, porque quiere y necesita pasárselo bien. Es prioritario para este eneatipo estar contento y tener la sensación de que en cada momento puede elegir la opción que más le satisface. Cuando algo no le gusta, se frustra.

Los entusiastas suelen ser relajados, tranquilos, pacientes. Es esa persona que siempre va a estar atenta. Hay que tener cuidado porque en la parte negativa pueden ser narcisistas, viven en su propia burbuja y en su propio mundo. Primero son ellos y disfrutan de los placeres.

Si se desbalancea pueden ser muy hedonistas y llegar al extremo de ser insaciables. Detrás de toda esa insatisfacción, lo que esconde es la necesidad de llenar un vacío interno. Esta carencia que busca la dopamina a toda costa puede llevar a este tipo de personas a caer en los excesos, vicios y adicciones.

Se aburren rápido de las cosas, suelen ser inestables en sus relaciones. No se preocupan si dejaron un corazón roto, si ya no encontraban entusiasmo y placer en esa relación. Podemos notar cómo encaja con el temperamento sanguíneo, del cual decíamos que eran personas con tendencia a ser egocéntricas, indisciplinadas e insaciables.

En equilibrio este eneatipo es jovial, disfruta con poco y vive el presente. Son muy versátiles, espontáneos, de acciones rápidas, son amistosos, cálidos, siempre atentos y optimistas. Hasta su forma de saludar es emotiva y alegre. Son personas que no descansan. Sumamente enérgicos. Aborrecen verse deprimidos o tristes, no lo aguantan, contrario al eneatipo 4 que se le da muy bien la negatividad y el victimismo.

Este balance lo lograrán conseguir quitando el piloto automático que los lleva a buscar afuera su propia felicidad y plenitud. Al comenzar a meditar y desconectándose de todas las distracciones del mundo exterior disfrutarán más de su propia presencia, comenzarán a quererse y estar a gusto. Para este eneatipo la meditación viene a ser como un *detox* en su vida.

8. Desafiador o fuerte

Es un eneatipo intimidante. Tienen una personalidad desafiante, buscan ejercer el poder y el control. Es posible que sean personas que ya han sido lastimadas en el pasado y buscan huir de ese dolor. Lamentablemente por ese mecanismo de defensa terminan siendo quienes ahora lastiman.

Desde el punto de vista de la comprensión podemos entender que este eneatipo está profundamente herido y no lo sabe o no lo reconoce. Tiene tanto miedo a ser lastimado que prefiere estar a la defensiva. No toleran las injusticias, son vengativos y por todo se enojan.

Buscan el control a través del poder. Piensan: "Yo puedo y la vida no me puede detener a mí, puedo sacar las cosas adelante, soy capaz, soy fuerte". El poder para este eneatipo representa la capacidad de acción y de influencia en el entorno. Si ejerce el poder de manera positiva es emprendedor, defensor y entregado a grandes causas. Si lo emplea de forma negativa, se puede volver un tirano y dominante.

Tiene la capacidad de poder retar a otros, pelear con todas sus fuerzas, lo que por derecho le corresponde y ganar. Como líder tiene esa necesidad de sobresalir, demuestra conocimiento, capacidad de salir adelante.

En desbalance puede ser alguien antisocial al punto de convertirse en una persona malévola, déspota y hasta violenta. Ejerciendo la tiranía serán totalmente inmorales. Suelen ser inestables, egocéntricos, exagerados; de allí que compartan grupo con los sanguíneos.

Su palabra clave sería lujuria.

9.Pacificador o armonioso

Buscan el equilibrio y la paz, desean que las cosas sucedan a su ritmo y nivel de energía. Su manera de mantener el control es a través de la armonía y la tranquilidad.

En equilibrio, hacen que su entorno sea más estable y que haya buen ambiente y buen humor, son hacedores de paz y bastante optimistas. El pacificador es alguien que viene a ser la balanza, podemos hacer una analogía con el signo libra, equilibrio perfecto en todo lo que hace, dice y piensa. Atento a escuchar todas las partes involucradas, no se deja llevar por lo que dice una sola parte. Siempre procurará escuchar todas las partes.

En desequilibrio su exceso de armonía fácilmente pasa a la pereza y holgazanería… Incluso pueden llegar a ser negligentes.

> *La introspección es el primer paso hacia la trans-*
> *formación, y yo entiendo que, tras conocerse a sí mismo,*
> *nadie puede seguir siendo el mismo.*
> **Thomas Mann**

Otra manera de agrupar a los eneatipos es de acuerdo a la naturaleza de su comportamiento, por ejemplo:

INSTINTIVOS 8, 9 y 1: destacan en todos ellos aspectos como lo temperamental y agresivo de una persona.

EMOCIONALES 2, 3 y 4: los reúne el componente emocional al 100 %.

MENTALES 5, 6 y 7: es un grupo empático y altruista.

Dentro del eneagrama, como ya hemos visto, existen nueve eneatipos de los cuales se desprenden tres procesos de experiencias de transformación conocidos como subtipos sociales, sexuales y conservacionales. Estos, a su vez, expresan un total de 27 personajes en busca del ser y de una experiencia de transformación a la luz del eneagrama. Si gustas ampliar tus conocimientos y conocer más de estos 27 subtipos, te recomiendo y te invito para que leas la segunda edición del libro *27 personajes en busca del ser* de Claudio Naranjo[17].

Por ejemplo, hay ligeros detalles que nos acercan o alejan de uno u otro eneatipo. De allí la importancia de una evaluación exhaustiva, rigurosa y profesional. Este breve repaso es apenas una pequeña ventana a toda la complejidad de la personalidad. Hay que tener cuidado de no caer en los encasillamientos, si bien hay aspectos en común, cada uno de

---

17 Naranjo, Claudio. (2012.) *27 personajes en busca del ser: Experiencias de transformación a la luz del eneagrama.* Editorial La Llave. Barcelona, España.

nosotros somos un universo de experiencias y vivencias que nos moldean de una manera única.

La utilidad de este breve repaso es poder identificar esos aspectos poco favorables que, de acuerdo a mi eneatipo predominante, me puedan estar afectando o limitando y trabajarlo desde mi consciencia, así como la parte positiva que puedo potencializar al máximo.

Hay quienes se les hará muy fácil identificarse con uno de los 9 eneatipos. Otros tal vez dudarán o no podrán identificarse con ninguno a partir de esta lectura, es normal. En dichos casos, esas personas pueden requerir de un acompañamiento profesional y luego de unas sesiones podrá contactar con su eneatipo dominante.

Puede pasar que quienes tienen dificultad para identificarse con uno u otro eneatipo no sean personas honestas consigo mismas y les cuesta reconocerse. Superar esto no es un trabajo de la noche a la mañana, pero sí es posible conseguir esas respuestas. Total… nadie nos conoce mejor que nosotros mismos, solo que debemos quitarnos varias capas de ego y temores para descubrirlas.

¿Te gustaría saber cuál es tu temperamento y conocerte? Permítete ser honesto contigo, libérate del ego y el orgullo y atrévete a mirarte a los ojos, contestar lo más certero posible y eso te llevará a los resultados. Nada ni nadie más lo hará. Bájale el tono al ego que quiere que todo sea luz y perfección y acepta quién eres con luz y sombra. Todos estamos compuestos de esa dualidad.

Cuando empiezas a entender tu eneatipo puedes también identificar cuándo está en desequilibrio y buscar el balance que necesitas.

Hasta ahora hemos ido tejiendo la información para juntar punto por punto todas esas relaciones que se establecen en cuanto el punto central es la mente, esa abstracción que nos hace y posibilita cuanto percibimos como realidad. Al final ese gran mandala, colorido y nutrido que hemos ido tejiendo, te abrigará y te aportará respuestas importantes para la búsqueda de esa felicidad que tanto deseas y mereces.

El éxito pasa por poder aceptarnos y aceptar también a los demás como son, eso no quiere decir que los tengamos que soportar o aguantar, solo que aceptando nos liberamos de juicios y lamentos y pasamos a la acción. La intención no es convertirnos en una persona perfecta y totalmente buena, eso no existe; más bien se trata de ser las personas correctas para cumplir con nuestros propósitos de vida.

Muchas veces nos cuesta entender que en la vida real el mal vence al bien, a diferencia de lo que vemos en las películas de Hollywood y en las telenovelas en donde el personaje bueno vence al malo. Y para tener una mejor comprensión de lo que acabas de leer te diré lo siguiente: cuando tú vives de forma íntegra dando lo mejor de ti al servicio de los demás y por alguna razón cometes un error de cualquier índole, ¿crees que la gente te va a recordar por todo lo bueno que hiciste durante toda tu vida o por ese único error que cometiste?

Lo más seguro es que la gente olvide rápidamente lo bueno y prevalezca lo malo que hiciste. Es por eso que se dice que el mal vence al bien.

Cuando equilibramos las virtudes y defectos de nuestra personalidad, reconocemos, aceptamos y trascendemos. La idea es equilibrar y vivir una vida en armonía y en paz con nosotros mismos y, por tanto, mucho más felices.

Cuando nos referimos al eneagrama de la personalidad, la dirección de nuestros pasos es hacia la toma de conciencia, despertar de ese modo en automático y tomar el control pleno de nuestra conducta. Podemos elegir entre el liderazgo y la tiranía, por ejemplo, en la posición de víctima o en el altruismo desde el amor propio. Se trata de balancear lo que sentimos, pensamos y hacemos desde todas las zonas de nuestro cerebro.

El eneagrama de la personalidad es un mapa que nos muestra las fortalezas y las áreas de mejora de cada personalidad, y múltiples rutas a seguir. No se trata de una dirección única a la felicidad sino de todo un viaje.

Durante el proceso de escribir y compartir este capítulo entré en una encrucijada, ambas direcciones llenas de preguntas bastante extensas y de una complejidad enorme, desde lo más terrenal hasta un punto de vista espiritual más elevado. Una de las preguntas decía lo siguiente: ¿existe alguna conexión entre el eneagrama, las 10 sefirot del árbol de la vida[18], los cuatro elementos básicos y los cuatro temperamentos?

A continuación comparto parte de mis reflexiones. Trataré de hacerlo de una forma fácil, práctica y sencilla, pese a

---

18 El árbol de la vida es uno de los símbolos cabalísticos más importantes del judaísmo. Está compuesto por 10 esferas, conocidas como sefirot y 22 senderos, cada uno de los cuales representa un estado (sefirá) que acerca a la comprensión de Dios y a la manera en que él creó el mundo. La cábala desarrolló así un mapa de la creación.

que resulta bastante complejo, fundamentalmente porque involucra diferentes temas. Si observamos con detenimiento la imagen del árbol de la vida, la cual se encuentra más adelante, podremos notar que tiene conexión con ciertos aspectos de lo que hemos tratado anteriormente: esos cuatro temperamentos, los cuatro elementos y la agrupación de tríadas de los signos del zodiaco. Puede ser que al principio este tipo de conexiones resulten confusas y un tanto complicadas de ver, pero una vez que descubres esos hilos que se cruzan en las distintas gráficas resulta ser un tema fascinante.

Ha sido motivo de admiración y también de muchas teorías conspirativas que están llenas a la vez de mucho misterio y esoterismo. Sin embargo, cuando leemos información como esta, debemos de estar preparados y con una mente abierta, ya que al final el propósito es poder expandir nuestro conocimiento y poner en práctica lo que mejor se ajuste y se acomode a nuestro discernimiento y a nuestros diferentes estilos de vida y necesidades.

Cuando hablamos del árbol de la vida, nos referimos a las diez sefirot las cuales son equivalentes a la representación misma del eneagrama, además en esta grafía podemos encontrar y ver los cuatro temperamentos conocidos también en cábala como los cuatro tipos de ego.

Es posible que quieras refutar esta analogía, ya que en el eneagrama son solamente 9 arquetipos y en el árbol de la vida son 10 sefirot. Sin embargo, es necesario comprender que la sefirá de Keter y Maljut es una sola sefirá, lo cual las convierte entonces en 9 sefirot. A manera de enigma quiero mencionar una sefirá más, de cierta forma oculta en el árbol de la vida de las vidas, la cual se le conoce como la sefirá de Daat (el conocimiento del bien y el mal).

Los 4 tipos de temperamentos (ego) forman una figura en la cara inferior del árbol de la vida. Teniendo a la sefirá de Yesod como eje y hacia arriba está la sefirá de Tifferet formando junto con la sefirá de Hod y Netzah los 2 tipos de ego superiores: sanguíneo (intuición) y colérico (respuesta). También podemos observar a los temperamentos (egos) que están formados por la parte inferior: melancólico y flemático. En tanto las tríadas las podremos apreciar en el siguiente orden.

1. La sefirá de Maljut/Yesod/Nezah forman el tipo de ego: FLEMÁTICO (Sensorial)
2. La sefirá de Maljut/Yesod/Hod forman el tipo de ego: MELANCÓLICO (Lógico)
3. La sefirá de Tifferet/Yesod/Hod forman el tipo de ego: SANGUÍNEO (Intuitivo)
4. La sefirá de Tifferet/Yesod/Netzah forman el tipo de ego: COLÉRICO (Sensible).

Todas las tríadas son funcionales; por lo tanto, podemos decir que las tríadas de la izquierda son receptivas y las tríadas de la derecha activas.

Todos tenemos un tipo de ego que predomina con frecuencia en nuestros actos, pero debemos encontrar el equilibrio en nuestro árbol para poder ascender. También podemos encontrar que algunas personas pasan de estados melancólicos a estados sensibles y así a través de las diferentes combinaciones, pero siempre predomina una forma arraigada de manejarnos ante las diferentes situaciones de la vida.

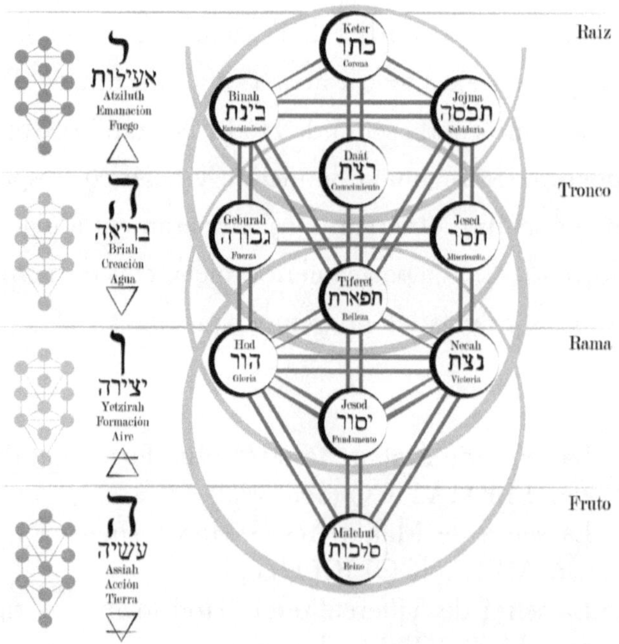

¿Qué podemos observar en la figura del árbol de la vida? Iniciaremos hablando de la sefirá de Keter la cual tiene que ver con la conciencia y representa la confianza, el apego correcto, sumisión, compasión, el rechazo, el amor, inteligencia correcta, concepción, sabiduría y perfección no tan obsesiva, ya que si no logramos alinearnos entonces comenzaremos a sufrir muchísimo.

La sefirá de Hojmah tiene que ver la sabiduría y dentro del eneagrama representan al eneatipo número 1 y se les conoce como los perfeccionistas. Estas personas tienden a ver siempre lo malo y no lo hacen porque están equivocados sino más bien porque tienen la razón y por eso este tipo de personalidad les cae muy mal a muchos, porque terminan arruinando la fiesta con las verdades que dicen. Una de las mejores recomendaciones para este eneatipo es que se pueda dar cuenta de que la perfección no es lo importante, porque en la imperfección también está parte de la esencia de la vida.

La sefirá de Binah tiene que ver con la inteligencia. Quiero aclarar que ser inteligente no significa siempre ser correcto. Bina dentro del eneagrama está representada por el eneatipo 2 (ayudador). Estas personas son las que muchas veces nadie quiere invitar a una fiesta, pero como es el que va a traer la carne entonces lo invitan. Son tan inteligentes que se convierten en ayudadores; en consecuencia, la gente comienza a usarlos y eso ya no les gusta, peor aún, sufren porque no se pueden cuidar a sí mismos. En otras palabras, son más inteligentes de lo que deberían de ser. Por ejemplo, son muy buenos para escuchar y para ponerle atención a su entorno, especialmente si sabe que alguien necesita ayuda.

La sefirá de Hetsed (benevolencia/amor-mentiroso) tiene que ver con la personalidad 3 (motivador). Este tipo de personalidad tiende a mentirse a sí mismo y pretende ser algo que no es, es decir, que no se ama tal como es. Les gusta vestirse muy bien y aconsejar a todas las personas, pero por dentro están necesitados. En muchos casos creen que, porque tienen su casa, carro y un buen trabajo, para ellos todo está bien, cuando en realidad no les está yendo nada bien. Y esto hace que en los hechos no se acepten sin máscaras.

La sefirá de Guevura (justicia) tiene que ver con la personalidad número 4 y, por tanto, con el rechazo. También tiene que ver con los románticos porque les duele el desprecio.

Para conocer el nivel de compasión de una persona,
basta solamente con ver como tratan a los animales.
Dr. Carlos Mcdonald

La sefirá de Tiferet tiene que ver con la personalidad número 5, es decir, con la compasión. Los números cinco son los científicos. También son avaros porque solo saben decir "yo solo sé hacer esto y no me pongan a hacer nada más". A este tipo de personalidad le gusta estar mucho en su zona de comodidad. También son grandes genios en su conocimiento; sin embargo, tienen muchos problemas de participación con sus familias.

La sefirá de Netzaj, que tiene que ver con la ambición, está representada por la personalidad número 6 dentro del eneagrama. A este eneatipo le llamamos el cínico, porque son personas que demandan lealtad y seguridad a los demás por temor a que todos estén en su contra. Es por eso que difícilmente una persona ambiciosa piensa en el bien colectivo, pues suponen que los demás no están pensando en el bienestar de él. En esta sefirá de Netzaj existe demasiada envidia. De hecho, en el mundo cabalístico, la sefirá de Netzaj representa a Moshé (Moisés).

La sefirá de Jod que tiene que ver con la sumisión, está representada por el eneatipo 7 dentro del eneagrama y dentro del árbol de la vida. Parte de la personalidad de esta sefirá es que pueden ser muy severos, ya que están en la columna izquierda del árbol. Y uno de sus temores más grandes es la tristeza.

La sefirá de Yesod está representada por el eneatipo 8 dentro del eneagrama y dentro del árbol de la vida. A este eneatipo también le llamamos el retador. El retador es el tipo de persona que dice frases como: "¡Así soy yo y qué!", "¡así hablo yo y qué!", "yo voy a decir lo que yo quiero y si a alguien no le gusta como hablo, pues que me lo diga y ahorita nos arreglamos". Sin embargo, es el tipo de persona que quiere estar en medio de los demás socializando. Aun así, es una persona fría, que no muestra compasión o empatía por los demás. También debido a que son personas demasiado sexuales, es importante que, si quieren establecer una conexión con su pareja, deberán de hacer uso de una sexualidad correcta, de sus emociones, de su mente y espiritualidad. Porque de lo contrario nunca lograrán encontrar una conexión con los demás y solamente se quedarán en el simple placer sexual, y de engendrar hijos sin querer asumir la responsabilidad como padres. Parte de la personalidad de esta sefirá es que buscan equilibrar todo cuanto pueden, ya que pertenecen a la columna central del árbol de la vida.

En último lugar, tenemos la sefirá de Maljut, la cual se ve representada por el eneatipo 9 dentro del eneagrama y dentro del árbol de la vida. A este eneatipo también se le conoce como el embajador. Esto quiere decir que es una persona que tiene miedo a que la gente sepa quién es realmente. Le llamamos embajador porque socialmente trata de unir personas, pero no le gusta que lo involucren para socializar y la razón es porque no quiere abrirse a los demás. Esta clase de personas deben aprender que el problema no reside en el miedo, sino en la negación que hacen del mismo. No asumir el miedo y evadirlo es el verdadero conflicto para este tipo de personalidad. Lo ideal para este eneatipo sería que pueda reconocer el miedo y expresar sus sentimientos. Ahora bien, ¿qué significa todo ello en términos cotidianos?

Estas herramientas nos permiten mirarnos, sin todas esas *klipot* (capas) que nos protegen del mundo exterior, mirarnos tal cual somos, sin imposiciones ni tendencias. No es el horóscopo o cualquier otra herramienta esotérica, las cuales respeto, pero son disciplinas que dejan mucho de nuestro destino a terceros: los astros, los dioses, el universo. Nos quita el poder que tenemos en nuestras manos para generar grandes cambios positivos en nuestras vidas desde nuestro comportamiento y determinación.

Este capítulo lo terminaré con la siguiente narración. Se trata de una encantadora historia de la vida real, con una enseñanza muy elevada. La compartió conmigo mi mánager Yanalté Galván Kent, mientras disfrutábamos de una reunión de negocios. Espero que la disfruten:

Cuenta Yanalté que cuando era muy pequeña de edad fue a visitar a su padre. Al final del día, después de haber compartido un tiempo con él, su papá le regaló un par de zapatos sin tacones. En ese momento, no supo apreciar el obsequio e hizo una expresión de desagrado porque los zapatos no eran de su gusto; también le regaló una sombrilla y un morral.

Justo antes de despedirse, en la entrada del autobús, cuando el padre de Yanalté le entregó ese par de zapatos sin tacones, él le dijo las siguientes palabras: "Estos zapatos son para que siempre camines firme y puedas brincar tus obstáculos, la sombrilla es para cuidarte de las inclemencias del tiempo y el morral es para guardar tus angustias y puedas ver siempre de frente, nunca hagas nada que te avergüence, siempre con la cabeza en alto y con mucha dignidad".

Invadida por la añoranza de algún día volver a ver a su papá, ella empezó a llorar dentro de aquel autobús que se dirigía a su pueblo natal y fue en ese preciso instante cuando el conductor de aquel autobús frenó abruptamente y se dirigió a ella en voz alta recordándole las sabias palabras de su padre, cuando le dijo: "¡Siempre con la cabeza en alto y con mucha dignidad!". En ese momento detuvo su llanto y pudo comprender el verdadero significado y la enseñanza de aquellas palabras que su padre le había dicho apenas hacía unos minutos.

Espero que este capítulo te permita mirar hacia lo interno con más compasión, empatía y entendimiento. Y que desde lo más profundo de tu ser interior, todo lo que sueñas y deseas se te sea posible.

PRUEBA DE PERSONALIDAD DE ENEAGRAMA

Esta prueba de eneagrama es un cuestionario gratuito que sirve como guía para identificar nuestro tipo de personalidad en el eneagrama. Te llevará unos 20 minutos el completar el mismo. Al finalizar la prueba obtendrás los puntajes de tu eneatipo dominante y la tríada principal.

El objetivo de conocer tu tipo de eneagrama es para que logres comprenderte mucho mejor y enriquecer tu desarrollo personal. Antes de que te aventures a descubrir tu eneatipo, quiero que sepas que no hay un eneatipo "mejor" o "peor", "bueno" o "malo". Cada eneatipo y cada persona tienen sus propias virtudes y debilidades a superar.

Recuerda que el eneagrama es un modelo que estructura la personalidad humana a partir de 9 tipos diferentes de funcionamientos relacionados con las direcciones de los tres centros de la inteligencia: mental, emocional e instintiva. Todo esto se entrelaza con el capítulo anterior cuando hablamos de los tres diferentes tipos de cerebro: reptil-instintivo, mamífero-emocional y corteza prefrontal-mental. Cada tipo de eneagrama se basa en miedos inconscientes, deseos que buscan compensarlos y expresan una manera única en la que tres centros de inteligencia interactúan entre sí.

CAPÍTULO 5

MINDFULNESS, EL ARTE DE VIVIR EN EL PRESENTE

La clave para una paz mental consiste en no reaccionar al caos emocional (positivo o negativo) y en no juzgar lo que te está pasando, ya sea bueno o malo.
Dr. Arodi Martinez

Mindfulness es una herramienta práctica que nos permite focalizar nuestro pensamiento en el momento presente, estando conscientes del aquí y el ahora. También se le conoce como una técnica de atención plena y puede describirse como: "Prestar atención de manera consciente a la experiencia del momento presente con interés, curiosidad y aceptación".[19]

Ya sea que quieras una vida con menos estrés, ansiedad o dormir plácidamente cada noche, *mindfulness* es un método ideal para conseguir ese estado de serenidad que tanto anhelamos.

Se dice que la práctica de *mindfulness* eleva nuestra consciencia, pero, ¿qué significa tal cosa? En pocas palabras, es poder percibir con claridad cada una de nuestras emociones, identificar nuestras circunstancias inmediatas y conectarnos con el tiempo presente; en resumen, bajar los niveles de estrés, relajar y calmar nuestra mente.

Estar en atención plena es desactivar el piloto automático, ya que el primer paso para un cambio personal consiste en despertar nuestra conciencia, poniendo toda nuestra concentración y sentidos en nuestro presente inmediato. Hay diferentes tipos de contemplaciones en *mindfulness*, desde percibir cada aroma del ambiente y cada sonido por muy suave que sea; hasta degustar cada uno de los sabores de la comida (*mindful Eating*) o atender a nuestra propia respiración percibiendo cómo el oxígeno entra frío por nuestras fosas nasales, pasa por nuestra garganta, llena nuestros pulmones y sale de nuestro cuerpo tibio.

---

19 Sociedad *Mindfulness* y Salud de Argentina. Consultado en: www.mindfulness-salud.org.

Esa contemplación plena, consistente y tranquila nos permite dejar de lado las añoranzas del pasado, la ansiedad por el futuro y focalizar nuestro pensamiento en lo único palpable, real y posible: el presente.

Se trata de experimentar ese equilibrio interno donde cuerpo, mente y espíritu se conectan de manera integral y en plenitud, recordándote que estás vivo, aquí y ahora.

> ¿De dónde viene esta práctica?
>
> La palabra *mindfulness* es también una de las primeras traducciones que se hicieron de la palabra *sati* en pali, un idioma vernacular similar al sánscrito que se hablaba en la época en que Buda comenzó a enseñar hace 2500 años. *Sati* es la nominalización del verbo *sarati* que significa rememorar o recordar. Puesto que recordar es precisamente traer al presente, en su concepción última *sati* o *mindfulness* es la capacidad humana básica de poder estar en el presente y de "recordarnos" estar en el presente, es decir, constantemente estar volviendo al aquí y ahora.[20]

Sus orígenes se remontan a la antigüedad y provienen de la cultura oriental. Es indiscutible que sus bases se sientan en la meditación budista que nació hace más de 2 500 años para aliviar el sufrimiento humano. Sin embargo, *mindfulness*, tal y como lo entendemos desde la psicología, no es sinónimo de

---

20 Sociedad *Mindfulness* y Salud de Argentina. Consultado en: www.mindfulness-salud.org.

meditación. Si bien toma ciertos principios de esta tradición milenaria, los estudia científicamente y los adapta a la medicina como un recurso alternativo para el tratamiento de los síntomas de enfermedades crónicas y mentales.

Cuando hablamos de meditación desde el punto de vista espiritual, el principal punto de enfoque es la contemplación de la nada que nos lleva a escapar de algo que nos está afectando. Mientras que cuando nos referimos a *mindfulness* nos enfocamos en algo fundamental como una herramienta que tiene como objetivo principal mejorar la calidad de vida en términos concretos, haciendo consciencia de nuestro cuerpo, sensaciones y emociones, sean de felicidad, tristeza, ira o cualquier otra.

Dicho de otro modo, la práctica de *mindfulness* está desvinculada de tintes religiosos. Es una técnica probada científicamente que puede practicar cualquier persona en distintas partes del mundo, independientemente de sus creencias o filosofía de vida.

En la meditación tradicional, cuando trabajamos emociones como la tristeza, por ejemplo, la observamos y la dejamos ir. En *mindfulness* podemos estar conscientes de la tristeza o de cualquier emoción y trabajar desde allí, percibiendo nuestro cuerpo, el entorno y los estímulos que reciben nuestros sentidos.

En los últimos años ha habido un auge en cuanto a la búsqueda de herramientas para enfrentar el estrés de la vida moderna, la intoxicación informativa y el acelerado ritmo de vida al que estamos sometidos. En parte, esta exploración también está motivada por el incremento de enfermedades asociadas al estrés, la ansiedad y la depresión. Esto ha traído como consecuencia que las personas estén más abiertas a atender su salud mental y priorizar su tratamiento, de allí el *boom* y la popularidad de terapias alternativas como lo es *mindfulness*.

Los resultados de una gran cantidad de estudios científicos también han despertado el interés por parte de los profesionales de la salud por incorporar esta práctica a sus tratamientos.

En la parte neurológica se ha podido calcular los beneficios de la práctica de *mindfulness* a través de la medición de los niveles de cortisol, tanto así que podemos llegar a tener los mismos resultados que proporcionan algunos fármacos.

Algunas investigaciones apuntan a que la práctica del *mindfulness* facilita las conexiones entre la amígdala y la corteza prefrontal, responsable de regular la expresión de nuestros pensamientos, emociones y acciones. Una conexión fuerte entre estas dos estructuras del cerebro nos protege de los efectos perjudiciales del estrés y de la ansiedad.

¿Por dónde comenzar? ¿Cómo alcanzo la atención plena?

Haz una pausa…

Sí, una pausa…

Justo ahora…

Revisa tus manos, tienes este libro en físico o tal vez sostengas un dispositivo electrónico porque tu versión es digital. Estás leyendo, y continúas haciéndolo, pero ahora consciente del lugar que ocupas, de lo que está sucediendo a tu alrededor, incluso en este instante empezarás a sentir tu respiración. Sigues sosteniendo el libro en tus manos mientras recreas mi voz, así has hecho conciencia de tu momento presente.

Es posible que a medida que avanzas con la lectura te percates de que has estado practicando *mindfulness* sin saberlo. Si es así, para ti ya es natural y tal vez tu propio hemisferio izquierdo y la corteza prefrontal lo han estado activando de manera inconsciente. Probablemente, no necesitarás de una escuela o años de terapia para beneficiarte de esta práctica que ya es natural para ti, pero para continuar viendo resultados y que estos sean duraderos puede que necesites subir de nivel.

Para una persona con el cerebro derecho predominante, que por naturaleza está más enfocado en el caos por tanta memoria que posee, será un poco más cuesta arriba internalizar la práctica de *mindfulness*.

En este tipo de personas todo está relacionado con esos pensamientos intrusivos. Será importante que comience practicando la gratitud. Por ejemplo, a pesar de que considere que toda su vida ha sido muy sufrida, y fue muy maltratado de niño, con el ejercicio de agradecer momentos significativos de su infancia, logrará conseguir en su memoria esos instantes que lo sacarán del letargo de la infelicidad.

En el mejor de los casos, esa persona podrá darse cuenta y ser consciente de que en medio de su caos también vivió momentos de alegría y felicidad. Si no lo logra podemos trabajar en el presente y hallar razones para agradecer aquí y ahora.

Con este sencillo ejercicio podemos comenzar a rescatar a una persona de la depresión y de la ansiedad. Porque alguien que está sufriendo de depresión está atrapado en el ayer en su dolor y desesperanza; mientras que una persona con ansiedad está viviendo en el futuro y ocupándose de todo antes de que llegue la situación. Cuando agradecemos nos liberamos de eso que no podemos cambiar y soltamos la incertidumbre de eso que no podemos predecir.

Mindfulness nos mantiene ocupados en el momento inmediato. Enfocándonos, por ejemplo, en el desayuno, sin pensar ni preocuparnos por lo que vayamos a almorzar o cenar luego. No implica que no se valga planificar y proyectarnos, pero debemos mantener nuestra atención plena en una cosa a la vez.

Despertar la consciencia es estar atentos de todo lo que está pasando aquí y ahora, sentir el calor y las pulsaciones de ese abrazo genuino que les damos a nuestros hijos, sentir la calidez de un beso de amor, percibir el aroma del café en la mañana y entregarnos a los sentidos por completo. Actividades que parecieran ser tan comunes pasan desapercibidas cuando andamos en modo automático, desconectados del presente. Comenzar a hacerlas extraordinarias desde ese estado de atención nos ayuda a reducir el estrés y, además, nos ahorra presupuesto al disminuir la necesidad de fármacos para el dolor o las visitas al hospital.

Así que no es difícil, y menos aún imposible, comenzar a dar los primeros pasos. Basta con cerrar los ojos por unos minutos y sentir nuestra respiración, nuestra circulación, escanear nuestro cuerpo de pie a cabeza y percibir todo lo que siente en ese momento (*body scan*)[21].

---

21 *Mindfulness* del cuerpo: es estar conscientes de nuestro presente practicando *body scan* (escanear el cuerpo). El instinto biológico de todo ser humano es preservar sus genes.

Aunque no podamos ver nuestro hígado, riñones y corazón, sabemos que están ahí y los podemos percibir. A través de la respiración, los podemos oxigenar de forma consciente. Con ayuda del cerebro activamos neurotransmisores para enviar ese alivio y experimentar un estado de tranquilidad y de serenidad. Todo esto lo podemos hacer en un escaneo del cuerpo y podemos estar conscientes de ello.

No te llevará mucho tiempo y a cambio te dará grandes beneficios en todos los ámbitos de tu vida.

Hace un tiempo escribí una guía práctica de *mindfulness*, para algunos estudiantes, que titulé: *El retrato de un asesino*, en la que hablo de un verdugo silencioso y oculto llamado estrés. De allí extraigo estas 5 claves para un programa de atención plena y exitosa que todo practicante deberá aprender:

1. **Respira** de manera consciente, profunda y controlada (*breathing*).

2. **Escanea** tu cuerpo desde los pies hasta la coronilla, cómo se siente, dónde hay tensión, molestia. En la medida que avances, con tu respiración libera todas esas tensiones y envía oxígeno a las zonas que lo necesiten (*body scanning*).

3. **Escucha** atentamente los sonidos que te rodean en el momento presente, incluyendo tu propia respiración, los latidos de tu corazón y todo aquello que logres percibir.

4. **Percibe los sentimientos**, ¿estás inquieto?, ¿molesto?, ¿feliz?, ¿triste? Sin emitir juicios de valor, reconoce esas emociones y acéptalas.

5. **Deja correr los pensamientos**. Esta es la meta final, ya que todo lo demás nos conduce a esta capacidad de observar cada pensamiento y dejarlo ir, sin interrogarlo, sin

apego, sin ningún tipo de juicio. Si deseas obtener una copia de esta guía, solamente escanea el siguiente código para que la puedas imprimir o leer gratis.

www.ayudandofamilias.org

Mindfulness puede ser parte de nuestro modo de ser y estar. Lo podemos incorporar a nuestra rutina diaria sin mayor exigencia. Por ejemplo, podemos ir sentados en el bus, camino al trabajo y desde allí practicar, haciéndonos conscientes de la silla que ocupamos, escuchando las voces a nuestro alrededor, identificando los aromas, los ruidos, la velocidad del vehículo, percibiendo con todos nuestros sentidos lo que está alrededor.

De la misma manera, podemos aprender a seleccionar en dónde enfocamos nuestra atención plena. Supongamos que estamos en un restaurante cenando con nuestra pareja. Podemos ser conscientes de lo que está sucediendo en la mesa de al lado, de los olores de los distintos platillos, de las voces, de los murmullos. Sin embargo, si nuestra intención es pasarla genial, de manera consciente apagamos todo ese ruido externo y nos enfocamos en lo que nos ocupa y deseamos verdaderamente para ese instante. Estamos despiertos, conscientes, atentos. De esa forma practicamos *mindfulness* en cualquier lugar.

Es importante que al inicio el individuo ejercite a diario y en la cotidianidad este estado pleno de consciencia, desde su propia respiración, así como sus pensamientos, el agradecimiento, la benevolencia.

Como lo habrás notado, existen muchas maneras de practicar *mindfulness*, incluso la meditación tradicional puede ser una de ellas. Lo importante es sentirnos a gusto con el momento.

Una manera de sentirnos bien casi de inmediato es por medio de la música. Cuando escuchamos un tema musical de nuestra preferencia nos cambia el ánimo. Hay canciones que nos ponen felices y con las que nos sentimos tan a gusto que podemos estar trabajando arduamente o limpiar la casa a fondo sin sentirnos agobiados.

Ritmos que nos hacen bailar y movernos con gozo, nos mantienen enfocados en el presente y en lo que siente nuestro cuerpo. Eso es también una manera de practicar *mindfulness*. Podemos utilizar la música y sentir sus vibraciones, con diferentes ondas de sonido, para facilitarnos el camino hacia la atención plena.

Hay personas que prefieren las actividades manuales o artísticas porque son más kinestésicos, así que para ellos pintar mandalas, por ejemplo, es una forma de centrarse en el presente y enfocarse. Un pintor puede practicar *mindfulness* mientras realiza una obra, siempre que se permita vivir, en el momento presente, todo su proceso.

Imaginemos a un artista pintando al aire libre el paisaje que lo rodea, está 100 % concentrado con todos sus sentidos, experimentando todo lo que observa y proyectándolo en su lienzo. O puede estar en su taller pintando libremente movido por una emoción y escoger los colores que lo conecten a esas sensaciones, de pronto utiliza colores oscuros porque se siente desolado o color rojo porque siente furia. Esos sentimientos quedarán plasmados allí porque lo ha hecho consciente de lo que siente.

Sin embargo, cuando estas actividades carecen de intención y se ejecutan de manera automática, pensando en otra cosa, no estamos practicando *mindfulness*.

Tiene que haber intención y consciencia plena. No funciona en automático. En el caso del que pinta un mandala o del artista que deja volar su imaginación, tiene que estar consciente de sus emociones, de su estado de ánimo e intencionar su práctica. *Mindfulness* te va a decir qué tanto está contemplando esa imagen en la mente. Y es algo que puedes practicar a diario.

¿PARA QUÉ QUIERO UTILIZAR *MINDFULNESS*?

Ahora que ya sabemos qué es, sus beneficios y cómo comenzar, el siguiente paso es identificar para qué deseamos incorporar esta práctica en nuestra vida: mejorar la salud, trabajar las emociones, acompañar el tratamiento de enfermedades crónicas, controlar la ansiedad. Dependerá de nuestra intención el camino que deba tomar.

Hay ejercicios que funcionan muy bien para las personas que sufren de ansiedad y consisten en hacer consciencia del tiempo en que se ubican sus pensamientos recurrentes, se percatará de que están anclados al futuro y que si traslada su pensamiento al presente sus niveles de ansiedad descenderán.

Veamos otra situación: puedo estar cenando en familia, pero no estar realmente allí, sino en el futuro lejano. Pero, cuando empiezo a estar consciente de las personas que tengo a mi lado en ese instante, me desconecto del futuro que es incierto y produce ansiedad. Es necio querer saber qué es lo que va a pasar con mis problemas actuales. No es posible. Lo único que puedo hacer es decir: "Que pase lo que tenga que pasar, en este momento yo no tengo el control de mi futuro, todo lo que puedo hacer es enfocarme en este momento".

Ahora bien, la única forma que conozco para "predecir" el futuro, o al menos seleccionar lo que voy a recordar en ese tiempo, es a través de lo que estoy haciendo en el momento actual. Es decir, si en este instante puedo ver la sonrisa de mis hijos, o puedo escuchar la voz de mi esposa, o sentir el sabor de cada bocado de un delicioso platillo, puedo fijar estos momentos en mi memoria y agradecerlos con la certeza y la seguridad de que el día de mañana, cuando llegue lo que tenga que llegar, voy a recordar estos tiempos como uno de los mejores momentos de mi vida. Practícalo y verás la tranquilidad que nos brinda el presente, la seguridad hacia el futuro y ¿por qué no?, una sonrisa diaria.

Podemos comenzar desde muy temprano. Como padres es posible guiar a nuestros hijos en esta práctica, pero los mayores beneficios los obtenemos como adultos, ya que la conciencia del infante está en pleno desarrollo. Al menos hasta los 25 años es que el cerebro se logra formar completamente y formaliza ese nivel de consciencia que se requiere elevar.

EL *MINDFULNESS*, UNA RECOMENDACIÓN DE POR VIDA

Entre el estímulo y la respuesta hay un espacio.
En ese espacio está donde poder elegir nuestra respuesta.
En nuestra respuesta se encuentran nuestro crecimiento y nuestra libertad.
Víctor E. Frankl

¿Quién no desea ser más feliz? ¿Quién no anhela un estado de tranquilidad y paz en su vida? *Mindfulness* es una herramienta que te abre las puertas a ese estado de plenitud y de allí que lo recomiende como profesional de la salud mental y como persona que ha encontrado grandes beneficios en su práctica.

Si el fin último es ser felices, a través de la atención plena lo podemos lograr. Al elevar nuestros niveles de bienestar y reducir los niveles de estrés, protegemos nuestra salud y mejoramos nuestra calidad de vida.

Si yo estoy consciente de mi presente, puedo medir las consecuencias de lo que estoy a punto de hacer. En otras palabras, voy a tener la capacidad de pensar y calcular el impacto de lo que estoy a punto de generar con mi acción.

La decisión que voy a tomar no solo me va a afectar en mi momento actual, sino que puede afectar mi futuro y el de mis generaciones.

Por ejemplo, alguien que está en un nivel de consciencia bajo y con un estrés muy elevado y lo despiden de su trabajo luego de mucho maltrato laboral, puede ser capaz de dejarse llevar por la ira y tomar represalias en contra de su jefe o de todas las personas que le rodean. Incluso hay personas que son capaces de cometer crímenes en donde muchas personas inocentes han llegado hasta perder sus vidas. La realidad es que no estará consciente del enojo que está teniendo y de que es cuestión de un momento, y que solo prevalece ese estado instintivo y de reacción frente a una emoción que lo ciega completamente. No mide las consecuencias de sus actos. Ese arrebato afectará a toda una familia para siempre, dejando hijos huérfanos, o matando a las generaciones futuras.

Bastarían 20 minutos de calma, consciente de la respiración, acallando la voz interior del ego para recuperar el control. Está ahora en tus manos regalarte la oportunidad de vivir reaccionando o en pleno estado de tranquilidad.

Una señal inequívoca de que es un excelente aliado de por vida para la optimización de la salud y el rendimiento de las acciones es que actualmente las escuelas de medicina en Estados Unidos están implementando *mindfulness* como práctica obligatoria, dados sus beneficios cuantificables como parte de tratamientos.

Decíamos al principio de este libro que existen 5 pilares de la existencia humana que arrancan desde la consciencia. A través de ella generamos una percepción, y de esta derivan nuestros pensamientos. De estos últimos surgen nuestros sentimientos, los cuales desencadenan acciones.

Recapitulando, la conciencia se va formando a través de las experiencias vividas y lo que deseo a través de *mindfulness* es estar lo más despierto posible para entender las consecuencias de esas experiencias.

Una persona que es infiel estando en atención plena puede entender las consecuencias de lo que está haciendo para satisfacer su placer momentáneo, preverlo y aun así continuar con sus planes. Sabrá de antemano a qué atenerse cuando la verdad salga a la luz, para que su vida no vaya a ser un infierno.

Culmino este capítulo con un breve listado de actitudes[22] necesarias para conseguir el éxito en un programa de *mindfulness*, revisa con calma cada una y descubre todo tu potencial para iniciarte en un nuevo estilo de vida: el de la plena conciencia.

1. Curiosidad: es una actitud importante porque me motiva a estudiar, a buscar más y estar enfocado.

2. Benevolencia: es una actitud para poder contemplar la vida más allá de cualquier situación que se me presente. Libre de juicios.

3. Gratitud y generosidad: es tener una actitud consciente de que tengo todo lo que necesito a mi alrededor y no necesito nada más. Automáticamente, esto me producirá un estado mental de estar completo.

---

22 Martínez, A. *El retrato de un asesino (el estrés). Actitudes para un programa de Mindfulness. Una guía práctica.*

4. No tener una agenda: liberarse de las expectativas de algo. Es muy importante reconocer que si no hay nada que podamos hacer ante una situación es mejor no hacer nada y esperar el momento correcto para hacer las cosas correctamente.

5. Dejar ir y dejar ser: es la actitud correcta para evitar el apego y dejar ir lo que tenga que irse.

6. Paciencia: es la actitud de no acelerar el progreso de alguien más. Todos aprendemos de diferentes maneras; por lo tanto, no debemos establecer estereotipos.

7. No tomar las cosas tan en serio: es mantener el sentido del humor ante situaciones difíciles de la vida.

8. Confianza: se trata de estar seguro de quién soy, porque nadie me conoce mejor que yo. Y precisamente escribiendo estas líneas, se vienen a mi memoria las palabras de mi padre, que me honra dejar plasmadas en este maravilloso libro, siempre me decía: "La confianza del hombre en el mismo hombre puede llegar a ser su propia muerte". Es muy importante no apoyarnos en nuestra propia prudencia, dicho de otra manera, no debemos de aparentar ser algo o alguien que no somos.

9. Principiante de la mente: se refiere a la capacidad de ver las cosas como que si fuese la primera vez que nos está sucediendo.

Todas y cada una de estas actitudes pueden ser inherentes a nosotros mismos, por genética o por temperamento, pero también las podemos cultivar y desarrollar con la práctica constante de *mindfulness*. No necesitas tenerlas todas para empezar, basta con tu disposición de corazón para que transites este mundo de autorrealización y dicha.

El *mindfulness* es el inicio de una vida saludable que solo podemos mantener si la acompañamos de hábitos saludables que provienen de la medicina holística: alimentación, descanso y ejercicio físico, claves para un óptimo estado de salud mental y física.

Esa es la verdadera felicidad que tenemos al alcance de nuestras manos y la podemos disfrutar con empeño, conciencia y amor propio. No quiero cerrar este capítulo sin antes agradecerte de todo corazón por tu apoyo, porque ha sido gracias a personas como tú, que la vida nos ha permitido poder llegar hasta aquí y también quiero felicitarte por la oportunidad que te has dado de haber llegado hasta aquí con la lectura.

Te dejaré con estas palabras que mi madre me decía cuando yo apenas era tan solo un niño: "Mira y observa atentamente a tu alrededor los errores que las demás personas cometen y mira las consecuencias de sus actos, procura no cometer los mismos errores y así evitarás el sufrimiento. Recuerda siempre que las demás personas serán tus mejores espejos. Así es que todo esto es pan para tu matate (morral)".

A continuación, algunos aspectos de la medicina holística que cambiarán tu forma de ver y entender la salud más allá de la ausencia de una patología.

CAPÍTULO 6

LA MEDICINA HOLÍSTICA: HALLANDO EL EQUILIBRIO EN EL DESEQUILIBRIO

El gran descubrimiento de mi generación es que los seres humanos pueden alterar sus vidas al alterar sus actitudes mentales.
William James

La medicina holística está compuesta de diversas técnicas milenarias que abordan al ser humano como un todo conformado por cuerpo, mente y espíritu; brindándole a cada individuo alternativas naturales, como las hierbas que poseen altos contenidos químicos y propiedades nutricionales para el organismo.

Lo que caracteriza a la medicina holística de la medicina tradicional es principalmente que integra a las emociones en sus tratamientos, mientras que la medicina convencional se encarga del tratamiento de los síntomas de la enfermedad *per se*.

La medicina tradicional se basa en crear medicamentos o drogas que atienden a los síntomas inmediatos de la enfermedad, pero la prevención y la cura definitiva la podemos encontrar antes de requerir este tipo de medidas drásticas. Lo único que regenera y cura un organismo vivo son los alimentos que consumimos, de allí la importancia de ser conscientes de lo que llevamos a nuestra boca.

En su mayoría las terapias que integran lo que hoy en día conocemos como medicina holística son ancestrales y provienen en su mayoría de Asia, y han sido rescatadas y adaptadas al occidente gracias a nuevos terapeutas que se han dedicado al estudio durante años de los beneficios de estas prácticas a lo largo de generaciones.

¿Sabías que la medicina tradicional china data de hace más de 4 000 años? Efectivamente, las publicaciones más antiguas de esta práctica fueron escritas hace más de 2 000 años. Nos lleva siglos entendiendo que la salud no es solo sinónimo de no padecer una enfermedad, sino que es más bien un equilibrio entre el espíritu, los elementos físicos, las energías y las emociones.

En India, aunque con diferencias en sus métodos, también la medicina evolucionó, comprendiendo que la salud se alcanza regulando los distintos aspectos de la vida de cada paciente. Esta herencia de la medicina tradicional de la India fue heredada por los grandes filósofos griegos como Aristóteles, Platón y Sócrates, quienes ya mencionaban la curación holística en sus discursos.

Volvemos a recordar en este apartado al padre de la medicina, Hipócrates, quien, como se comentó anteriormente, consideraba que las enfermedades eran fruto del desequilibrio de los cuatro humores del cuerpo: sangre, flema, bilis negra y bilis amarilla. Solo a través del equilibrio se lograba la sanación del cuerpo.

Sería muy extenso abarcar la historia de la medicina holística. Ya su misma definición resulta inaprensible por el mismo campo que abarca a través de la variedad de terapias que se han ido descubriendo. Cada una con características y objetivos disímiles. Van desde terapias de sanación como lo es el *reiki*, la sanación pránica, que utiliza la energía para sanar el cuerpo físico, mental y emocional, hasta la herbolaria y por supuesto no podemos dejar de lado la aromaterapia, aceites esenciales y las flores de Bach. Resulta interesante en particular la sanación pránica porque se relaciona con lo que hemos visto hasta ahora en cuanto a la relación entre pensamiento y emoción. Cada uno de nuestros pensamientos genera una emoción que a su vez genera una tasa vibratoria y se aloja en nuestro campo energético, y el mal funcionamiento de nuestra energía termina enfermando el cuerpo físico.

Para alcanzar sus beneficios y bondades debemos dejar atrás los viejos prejuicios y expandir nuestra mente a nuevas experiencias, que en realidad son nuevas para nuestra cultura occidental, pero tienen siglos de aplicación en otras latitudes con increíbles beneficios para la salud integral.

La herbolaría en sí es otro de los métodos o técnicas milenarias y universales que consiste en el suministro de hierbas para ayudar al ser humano en todas las necesidades o afecciones que esté enfrentando. Se ha comprobado que a través de estos suministros naturales podemos ayudar al cerebro a través de la parte neuroquímica y facilitar la eliminación de ciertos patógenos como pueden ser bacterias, hongos, microbios, virus que se pueden trabajar de esta manera para restaurar tejidos y órganos que se van deteriorando con el paso del tiempo.

Por ejemplo, una persona que está teniendo episodios de ira o temperamentales, gracias a la ciencia sabemos que desde el hígado el individuo segrega un químico, una sustancia negra, conocida clínicamente como la bilis, que provoca esa parte enfurecida del individuo. Cuando tenemos un hígado graso encontraremos muy posiblemente problemas con nuestro temperamento.

Es importante saber que muchas veces para algunas patologías la medicina está en nuestra casa. He aquí la importancia de contar con la información correcta y ser bien orientados para solucionar, mejor aún, prevenir muchas dolencias.

Otras técnicas que forman parte de la medicina holística, y que en lo personal recomiendo ampliamente, son la reflexología que no es más que la aplicación de presión en las áreas de los pies o las manos para ayudar a aliviar el estrés; el *access bars* que es una técnica de aplicación manual que consigue estimular puntos específicos en el cerebro, mediante unos suaves toques apropiados en ciertos puntos específicos de la cabeza, para que la persona pueda sentirse mucho mejor; y desde luego el *mindfulness*, o también conocido en algunos centros de medicina holística como meditación. Ya hemos dedicado un capítulo a esta técnica por lo que sobra volver a enumerar los importantes beneficios que aporta a nuestra vida.

Para la salud mental todas y cada una de estas técnicas resultan sumamente beneficiosas pues abordan como principal punto de enfoque las emociones del individuo y parten de allí para sanar y por ende impactar en los síntomas que se estén manifestando en el cuerpo físico.

Es de esta manera que la medicina holística se adapta muy bien a las necesidades y particularidades de cada individuo, porque comienzan desde su estado emocional y allí se puede seleccionar la que mejor se adapte a lo que quiere conseguir cada persona.

Tomando en consideración las cualidades y emociones de un individuo podemos ajustar una terapia personalizada para su bienestar. Por ejemplo, personas con predominancia del hemisferio derecho del cerebro se pueden beneficiar mucho con el *mindfulness* o con aromaterapia, mientras que a personas con predominancia del hemisferio izquierdo les vendría bien el *access bar*s por ser un método de estimulación manual mucho más concreto que imaginativo. Si, además, conoce de antemano las propiedades y los beneficios, mucho mejor.

La homeopatía también es parte de la medicina holística, y aun dentro de esta práctica hay una variedad de aplicaciones, como por ejemplo homeópatas que trabajan directamente con flores de Bach que consiste en diluir ciertos aceites florales que tienen diferentes propiedades, hasta los homeópatas que trabajan con terapia neural, solo por mencionar algunos.

La medicina holística, como todo tratamiento dirigido al ser humano, también requiere de mucho cuidado y precaución. Se sugiere siempre mucha responsabilidad. Lo idóneo es consultar con su médico de cabecera, que, si bien aborda la salud desde un enfoque diferente, es quien mejor conoce a nivel químico el funcionamiento orgánico en general. Si ya usted tiene un diagnóstico por alguna patología, no todas las hierbas le proporcionarán los mismos beneficios que a una persona totalmente sana. Los hábitos saludables y las terapias alternativas nos ayudan a prevenir enfermedades o mejorar la calidad de vida, pero si lamentablemente ya estamos cursando una patología debemos siempre tener mucho cuidado.

También es importante tener en cuenta que todo en exceso y a largo plazo puede ser perjudicial y traer consecuencias desfavorables. Hay que tener mucho cuidado en ese sentido. La herbolaria es una manera de ayudar, pero no podemos excedernos, porque también puede despertar consecuencias nocivas. Aun cuando sean suplementos naturales, la persona debe darle pausa a su organismo para que se desintoxique y se recupere. No porque sea natural lo puede consumir de por vida. Por ejemplo, el ajo se puede ingerir para combatir la presión alta o el colesterol por 5 días y luego darle pausa al cuerpo para que pueda absorber y beneficiarse con este primer ciclo. Más adelante lo puede retomar.

Lo que sí podemos practicar a diario y de por vida, sin consecuencias negativas, es el *mindfulness*. Ya lo hemos desarrollado en el capítulo anterior. ¿Por qué puedo meditar de por vida sin contraindicación? Porque todos los días podemos despertar un poco más la conciencia y hacer nuestra vida lo más placentera posible.

TODAS LAS ENFERMEDADES SON PRODUCTO DE NUESTRAS EMOCIONES

> *Las enfermedades no nos llegan de la nada.*
> *Se desarrollan a partir de pequeños pecados diarios contra la naturaleza.*
> *Cuando se hayan acumulado suficientes pecados,*
> *las enfermedades aparecerán de repente.*
> **Hipócrates**

El principio de la medicina holística parte del componente emocional y mental para hallar el origen del desequilibrio que ha afectado la salud o el bienestar físico de la persona. Fundamentalmente, porque estudios han demostrado que un porcentaje importante de nuestras enfermedades tienen su origen en nuestros pensamientos, las emociones y sentimientos que estos despiertan. Toda somatización tiene una causa emocional.

Por ejemplo, el odio y la ira crean toxinas en nuestro cuerpo, las preocupaciones debilitan el corazón y los miedos disipan nuestra energía y afectan nuestro sistema renal.

Parece complicado entender la relación entre una cosa y otra, pero cuando una persona acumula demasiado miedo o temores, tiene algún padecimiento en los riñones, o viceversa, un problema renal previo despertará emociones de angustia y miedo en quien lo padece.

Sabemos de antemano lo dañino que pueden resultar para la salud en general los alimentos ultraprocesados, la azúcar refinada o la comida chatarra, pero aun así la gran mayoría de la población lo sigue consumiendo. ¿Por qué nos empeñamos en envenenar nuestro organismo? Porque detrás de ese descontrol hay muchos problemas emocionales no resueltos, y es este tipo de químicos el que nos brinda un alivio temporal o sirve para amortiguar una emoción.

Ignorar nuestra salud mental nos conduce irremediablemente a lastimarnos, adquiriendo malos hábitos alimenticios, vicios o llenando nuestra vida de fármacos que terminan dañando otras partes de nuestro cuerpo.

Así, podemos tomar una gaseosa de cualquier tipo o una cerveza y sentirnos completamente relajados, se va el estrés por un instante. Podemos tomar alcohol para evadir un problema emocional y envenenar el hígado, el páncreas, el cerebro y afectarlos para siempre. Así podemos notar que el origen de una enfermedad hepática viene de esa necesidad de esconder o negar las emociones. Recordemos que primero somos consciencia, luego percepción, pensamientos, sentimientos y finalmente actuamos en consecuencia. Y seamos honestos con nosotros mismos, nuestro accionar no siempre es bondadoso con nuestro cuerpo.

Solo basta cambiar de perspectiva. ¿Qué tal si en lugar de ignorar nuestra parte emocional y darle pequeñas y efímeras salidas, nos armamos de valor y nos preguntamos cómo nos sentimos realmente? ¿Cuál es el placer que deseo satisfacer? O ¿de qué intento escapar? Te aseguro que tu atención se enfocará en priorizar tus emociones y pensarás mejor tus decisiones, y mucho más si incluyes plantas medicinales y alimentos saludables para coadyuvar a tu bienestar.

Aquí retomamos el tema de los tres pasos para alcanzar la felicidad: conservar la energía, descanso y alimentación saludable. Si queremos vivir en bienestar y ser felices en nuestra vida, a pesar de las circunstancias que nos toque enfrentar, comenzar por la alimentación es fundamental. Y con nutrición me refiero a todo lo que ingresa a nuestro cuerpo: alimentos, ideas, noticias, imágenes, olores, todo eso afecta en nuestro estado mental.

Pero, ¿por qué lo que olemos puede afectar nuestra salud mental? Pues bien, el sentido del olfato está relacionado directamente con el sistema límbico, que está asociado a su vez con todo lo que tiene que ver con nuestras memorias almacenadas en el hipocampo, de allí que ciertos aromas nos trasladen a ciertas emociones, lugares o sensaciones.

ESTILO DE VIDA SALUDABLE Y SALUD MENTAL: UNA RELACIÓN MUY IMPORTANTE

El hospital McLean, afiliado a la Universidad de Harvard, condujo un estudio sobre la relación entre la depresión y los alimentos. Los resultados fueron publicados el 15 de abril del 2005 en el *Issue of Biological Psychiatry.* Los principales hallazgos demostraron que para tratar la depresión ciertos alimentos son más efectivos que las pastillas.

Los investigadores encontraron que los ácidos grasos omega-3 y los alimentos con un alto contenido de uridine son capaces de reducir los síntomas de la depresión en igual o incluso mayor medida que tres de los medicamentos antidepresivos que se usaron para el estudio. Estos nutrientes se encuentran en el pescado, las nueces y las melazas, entre otros alimentos.

Por otro lado, los investigadores de un segundo estudio titulado *Changing Diets, Changing Minds* (Cambiando dietas, cambiamos mentes) afirman que existe un amplio rango de nutrientes que resultan indispensables para el cerebro y la salud mental. Estos nutrientes se combinan entre sí para permitirle al cerebro desarrollarse y funcionar adecuadamente.

De acuerdo con este estudio, una dieta rica en frutas y vegetales, granos enteros, cereales, legumbres, nueces, semillas, carnes magras, aceite de pescado, ayuda a mantener nuestro organismo saludable y nos protege de ciertas enfermedades. Mientras que una dieta basada en comida poco o nada saludable, o escasa de nutrientes esenciales, es probable que afecte el funcionamiento de nuestro cerebro y por consecuencia nuestra salud mental.

LOS ALIMENTOS INFLUYEN EN NUESTRA SALUD MENTAL

La División de Alimentos y Medicinas, del Departamento de Agricultura y Servicio al Consumidor de Carolina del Norte, en su afán por colaborar con el desarrollo de una mejor calidad de vida en la comunidad hispana, alerta sobre la relación que existe entre los alimentos y la salud mental.

La depresión ya está siendo considerada como la segunda enfermedad mental más difundida a nivel global y en Estados Unidos, en particular, la comunidad hispana se ve especialmente afectada por todos los problemas que la inmigración en sí misma acarrea. Esta situación trae como consecuencia no solamente el sufrimiento y la angustia personal, sino que además ocasiona un problema social, pues muchas personas se deprimen al punto de no poder trabajar. Como consecuencia de todo esto, las cuentas por tratamientos psiquiátricos se incrementan considerablemente.

Al mismo tiempo, en todo el mundo están aumentando los problemas de salud física, relacionadas con una mala dieta alimenticia, entre ellas las enfermedades al corazón, diabetes, obesidad y ciertos tipos de cáncer.

Como lo demuestran los estudios presentados, cada vez más queda en evidencia la relación de la salud física y mental con la alimentación. A raíz de esto se ha revelado que ciertos nutrientes pueden ayudarnos para:

- Aliviar los síntomas de ciertas enfermedades mentales
- Aumentar, en ciertos casos, la efectividad de los medicamentos

- Disminuir los efectos secundarios de ciertos medicamentos.

De manera opuesta, la falta de ciertos nutrientes en la alimentación, o una alimentación pobre, podría estar asociada con el desarrollo de ciertas enfermedades mentales.

En personas con distintos tipos de enfermedades mentales se ha encontrado una carencia de los siguientes nutrientes:

1. Ácidos grasos poliinsaturados (pescados y aceites de plantas)

2. Minerales como zinc (carnes, granos, legumbres y leche), magnesio (vegetales de hojas verdes, nueces, granos), hierro (carne roja, vegetales de hojas verdes, huevos, algunas frutas)

3. Vitaminas, como distintas vitaminas **B** (vegetales de hojas verdes y cereales fortificados, lácteos, levadura y granos). Así como vitaminas antioxidantes, como la C y la E (frutas y vegetales).

Por último, cierta evidencia sugiere que las dietas altas en grasas saturadas y azúcar podrían estar asociadas con el desarrollo de problemas de salud mental.

¿DE QUÉ ESTÁ COMPUESTO NUESTRO CEREBRO?

El cerebro es el órgano más grande de nuestro cuerpo y, al igual que el corazón, el hígado o los demás órganos, lo afecta lo que comemos o bebemos y necesita, por lo tanto, de una alimentación adecuada.

El cerebro y el resto del sistema nervioso central están en gran parte constituidos por billones de células nerviosas llamadas neuronas. La comunicación entre las neuronas es lo que permite al cerebro trabajar y esta comunicación se produce a través de los neurotransmisores.

Los neurotransmisores se forman gracias a nutrientes, especialmente aminoácidos, los cuales determinan el crecimiento del cerebro y su actividad.

Algunos tipos de aminoácidos son producidos por el cuerpo, pero existen otros llamados esenciales que solamente se obtienen a través de la alimentación.

Resulta cada vez más evidente que existe una relación directa entre la calidad nutritiva de nuestros alimentos, el desarrollo de nuestro cerebro y nuestro bienestar general.

SOMOS LO QUE COMEMOS Y CÓMO LO HACEMOS

Cuida tu cuerpo. Es el único lugar que tienes para vivir.
Jim Rohn

La serotonina, o también conocida como la hormona de la felicidad, la podemos estimular consumiendo alimentos altos en triptófano como el tofu, semillas de ajonjolí, nueces, semillas de calabaza, maní. Sabemos que esta hormona se produce en el sistema digestivo, por lo que es importante lo que le brindamos para facilitar su proceso. Por otra parte, la piña, el aguacate, la ciruela contienen aminoácidos que al final van a facilitar la liberación de serotonina.

Las frutas y los vegetales pueden tomarse tal cual como lo indica la jugoterapia, pero todo con calma y mucho juicio, porque hay frutas altas en azúcar que en exceso también pueden ser perjudiciales, especialmente si la persona ya ha sido diagnosticada con algún tipo de diabetes. Las porciones tienen que ser cuidadas; yo no recomiendo que se consuma más de 4 oz de vegetal o fruta, balanceada y equilibrada especialmente en ayunas.

No hagan mezclas de frutas y vegetales.

FRUTAS Y VEGETALES: COLORES QUE NOS SANAN

Color morado o púrpura: moras, arándanos, ciruelas, higos, berenjenas, uvas, col morada y remolacha/betabel. Contienen antioxidantes. Ayudan a combatir el envejecimiento y a prevenir algunos tipos de cáncer, así como a preservar la memoria.

Color rojo: sandía, tomates, pimientos, fresas, manzanas rojas, frambuesas y granadas. Ayudan a tener una mejor salud cardiovascular y a mantener una buena memoria.

Color naranja: naranja, zanahoria, toronja, lima, durazno, mandarina, mango, papaya, piña, y pimiento amarillo. Son ricos en betacaroteno, vitamina A, vitamina C, potasio y ácido fólico. Ayudan mucho a tener buena visión, a cicatrizar mucho más rápido y ayuda al tracto urinario. Fortalecen también el sistema inmune.

Color blanco: cebolla, ajo, cebollín, puerro, plátano, melón, pera, coliflor, nabo y champiñones. Reducen el colesterol y regula la presión sanguínea.

Color verde: aguacate, kiwi, acelga, brócoli, calabaza, espárrago, espinaca, pepino, lechuga, repollo y uva verde. Son ricos en luteína, potentes antioxidantes que ayudan a fortalecer también el sistema inmunológico. Contienen potasio, vitaminas C y K y ácido fólico, el cual es muy importante durante el embarazo. También ayuda a mantener los dientes y los huesos fuertes.

La manera en como combinamos nuestros alimentos puede influir en la forma en que los procesamos y los beneficios que recibimos de ellos.

Una buena combinación son las proteínas con los vegetales no farináceos como espárragos, hojas de remolacha, col, pepino, berro, lechuga, perejil, rábano, espinaca. Así como las grasas de origen vegetal y no animal con los almidones como la papa, cereales, granos o ligeramente farináceo como la coliflor, zanahoria, remolacha, guisantes, pero nunca se debería mezclar proteínas, grasas y almidones.

Las frutas, por su parte, nunca deben ser mezcladas con otros alimentos y preferiblemente tampoco entre ellas. La última comida del día es preferible que se haga a las seis de la tarde porque de noche, como no hay luz solar, no hay fuego digestivo, es bueno comenzar a acostumbrarnos al viejo refrán: "Apagada la luz, apagada la máquina". Nuestro descanso será más placentero.

CREA TU PROPIA FARMACIA NATURAL

*La mejor medicina de todas es enseñarle
a la gente cómo no necesitarla.*
Hipócrates

A continuación, quiero compartir una breve lista de hierbas e ingredientes, para mí esenciales e indispensables, que podemos cultivar o mantener en casa sin mucho coste y con grandes beneficios, tanto o más que un botiquín de primeros auxilios para atender cualquier malestar o afección. Espero que tengas siempre a la mano esta información que puede sacarte de apuros.

Ajo (antibiótico natural): es el número uno para pelear contra cualquier virus, ideal para el tratamiento de enfermedades como la presión alta, circulación deficiente, taquicardia, antibiótico poderoso y natural. Es anticoagulante, mejora el sistema inmune, alivia los gases, es bueno para la digestión y para rejuvenecer nuestro organismo, alivia el dolor de las articulaciones, es efectivo para el dolor de cabeza provocado por sinusitis y dolor de oídos.

Alfalfa: es efectiva para limpiar toxinas del intestino grueso, también es recomendable para la ciática, se toma antes de acostarse para la artritis, úlcera y anemia.

Aloe vera (zábila): es una planta indispensable con grandes propiedades nutricionales y medicinales, entre las que destacan: problemas de indigestión, estreñimiento, gastritis, inflamación, afecciones de la piel. En caso de quemaduras es un poderoso regenerador al ser cicatrizante. Para consumir puedes sacar el cristal y dejarlo en el refrigerador, puedes tomar un cuadrito de zábila puro o se lo puedes añadir a tu bebida o jugo de preferencia.

Canela: es aconsejable para los casos de resfriados, congestión, tos.

Cardamomo (energizante y desintoxicante): es una excelente opción para las personas deprimidas o de bajo ánimo. Estimula el ritmo cardiaco, fortalece corazón y pulmones, refresca el aliento, pero debe consumirse en baja cantidad.

Cilantro: es un diurético natural que ayuda con la digestión y sirve para calmar el ardor al orinar. Un té con semillas de cilantro hace la orina más alcalina previniendo infecciones urinarias, sirve para la urticaria, erupciones y dermatitis porque ayuda a purificar la sangre.

Cola de caballo: tiene propiedades astringentes y diuréticas, es muy recomendable para activar la función renal y eliminar el exceso de ácido úrico.

Eucalipto: se puede tomar en té para el asma, resfriados, bronquitis, diabetes, combate infecciones vaginales. También posee propiedades antisépticas, astringentes, antibacterianas, antiespasmódicas, bactericidas. El mentol o pomada produce una sensación de refrescamiento nasal. Tanto el eucalipto, como la ruda, no deben ser ingeridos por niños, ni mujeres embarazadas.

Jengibre: neutraliza las toxinas de nuestro organismo y ayuda a la digestión, alivia la inflamación de la garganta, combate el resfriado común y la sinusitis. Es el mejor remedio doméstico para la tos y la congestión.

Lavanda: es un excelente calmante natural, ayuda a apaciguar la ansiedad, el estrés y la tensión emocional.

Lechuga: nos ayuda a relajarnos, disminuye el estrés, el enojo, el insomnio, la ansiedad. Se le puede comer como ensalada antes de ir a descansar. Si no la quiere masticar, puede sacarle el jugo y tomar unas 4 oz antes de dormir.

Limoncillo (malojillo): ayuda a combatir los problemas estomacales tipo cólicos, alivia los dolores menstruales, fortalece el sistema inmune y nos ayuda a recuperarnos de las gripes.

Manzanilla: como infusión es beneficiosa para relajar, dormir y calmar la mente.

Melissa o toronjil: tiene poder para reducir los efectos de la ansiedad, además tiene propiedades antiespasmódicas haciendo de esta planta un remedio eficaz para las palpitaciones nerviosas, debilidad del corazón, asma bronquial, calambres de estómago y todos aquellos trastornos del sistema nervioso.

Menta: se puede utilizar para malestar estomacal, espasmos, insomnio, mareos, neuralgia, vómito. La infusión de esta hierba no se debe tomar en altas concentraciones por su efecto sobre el sistema nervioso central.

Orégano: posee propiedades como diurético, analgésico, antiespasmódico, antiséptico, sedante. Es recomendable para tratar el asma, dolor de oído, gripe, picaduras de insectos y tos. Se debe tener cuidado de no exceder la concentración de esta planta porque puede producir diversas intoxicaciones.

Ruda: tonifica las arterias y regula el flujo de la sangre, si se toma como infusión ejerce un efecto relajante. En aplicación externa se emplea para tratar problemas de la piel como eczemas, psoriasis, entre otras. Tanto el eucalipto, como la ruda, no deben ser ingeridos por niños, ni mujeres embarazadas.

Tilo: nos ayuda para calmar las palpitaciones nerviosas, los estados de ansiedad y pánico, también ayuda para acabar con el insomnio.

Tomillo: en infusión sirve para el tratamiento de afecciones respiratorias y digestivas o para lavados antisépticos tópicos (cutáneos, bucales, vaginales, etc.).

La lavanda, el tilo y el toronjil son la competencia natural de los ansiolíticos farmacológicos.

En el caso de una persona que esté experimentando un caos familiar, sufra de maltrato psicológico o violencia doméstica, pero aún no tiene el valor de salir de esa zona de sufrimiento, se le puede ayudar con este tipo de infusiones, aparte de relajarle un poco con el tiempo ayudarán a desinflamar su sistema límbico y podrá ver las opciones que tiene para salir de su situación, tomando así la mejor decisión.

Incluso si agregamos el cardamomo a su vida, le llenará de energía para seguir adelante con su decisión, pues estimulará la parte neuroquímica de su cerebro a su favor.

Consulte con su médico de cabecera antes de iniciar cualquier terapia alternativa. Es el profesional de la salud quien mejor lo conoce en términos médicos. Por ende sabrá orientarle o darle luz verde, en especial cuando hablamos de herbolaria o de jugoterapia.

UNA ESTRATEGIA PARA PREPARAR INFUSIÓN

La mejor manera de preparar una infusión es colocar a hervir agua con la hierba o planta que vayamos a inficionar. Una vez que tenga unos diez minutos hirviendo la puede apagar y colocarle varios cubitos de hielo para detener el hervor, y luego de que repose volver a someter la infusión al calor para que hierva nuevamente. En ese momento en que detenemos el primer hervor, la planta libera todos los nutrientes y cierra esa parte y los vuelve a expedir en el segundo hervor. De esta manera podemos obtener el 100 % de las propiedades.

Lo ideal es tomarlas sin agregar ningún aditivo como miel o mucho menos azúcar refinada.

Es por esta razón que se recomienda consumir los vegetales cocidos al vapor, porque al hervir en agua pierden nutrientes en el agua en la que hirvieron.

CÓMO AYUDAR AL CEREBRO DESDE LO NATURAL

La mente tiene una gran influencia sobre el cuerpo,
y las enfermedades a menudo tienen su origen allí.
Jean-Baptiste Molière

1. Hacer deporte
2. Comer bien
3. Descansar
4. Tomar el sol
5. Evitar azúcar procesado
6. Evitar ansiolíticos
7. Combinar alimentos de forma saludable.

El pescado ayuda al desarrollo correcto de la actividad cerebral.

Los arándanos y las moras azules previenen enfermedades tales como el alzhéimer..

El aguacate es una excelente fuente de energía, nos viene bien para estar atentos en jornadas muy extensas de trabajo.

El aceite de coco es una fuente de triglicéridos para las neuronas.

El brócoli contribuye a prevenir la hipertensión y los calambres musculares.

La remolacha/betabel beneficia la purificación de la sangre, esto es importante, ya que podemos oxigenar mejor y alcanzar óptimos niveles a la hora de estudiar o retener información.

La proteína ayuda mucho a prevenir enfermedades cardiovasculares, además contiene vitaminas (B1, B3, B5, B6, B12) ácido fólico y minerales como el fósforo, hierro, potasio o zinc.

La nuez mejora la funcionalidad de las neuronas y de la memoria.

El chocolate amargo (80 o 90 % cacao) es una excelente fuente de fibra y de energía.

El plátano/banana es alto en niveles de serotonina, la cual nos ayuda para mejorar el ánimo y la alegría.

El cacahuate/maní contribuye a equilibrar nuestro sistema nervioso.

No hay mayor deseo en mi corazón que este capítulo haya servido para inspirar y motivar esos cambios de hábitos alimenticios que tanto favorece a nuestra calidad de vida. La invitación es a pensar conscientemente en lo que estamos ingiriendo: qué me aporta, cómo contribuye a mi salud, en qué se va a transformar ese alimento o bebida en mi sistema.

Quiero finalizar honrando la memoria de mi tía abuela Ángela, a quien todos le decíamos con mucho cariño "tía Angelita", una persona muy humilde y de escasos recursos económicos, pero con la sabiduría suficiente para ofrecernos lo mejor. Nunca olvidaré su café hecho a base de maíz/tortillas, sus ricos caldos y sopas de hierbas, las cuales contenían muchos nutrientes esenciales para fortalecer nuestro sistema inmunológico.

Fue de ella que aprendí una gran lección: "Es mucho mejor hacer cambios necesarios en nuestras vidas por placer y no por dolor o sufrimiento". Vaya que mi querida tía tenía el don de la sabiduría.

Ahora bien, te pregunto a ti: ¿tienes la disposición necesaria para aceptar el reto de cambiar tu alimentación a cambio de muchos años de vigor y salud, para gozar de la dicha de ver crecer a tus hijos y a tus nietos? Si tu respuesta ha sido que sí, entonces con toda seguridad te puedo decir que: ¡tus mejores días están por venir!

CONCLUSIÓN

La felicidad yace, antes que nada, en la salud.
George William Curtis

Hemos visto hasta ahora que las emociones y la salud en general están estrechamente afectadas. Lo que estamos sintiendo está vinculado a lo que está gritando nuestro cuerpo. Pero, a su vez, nuestros sentimientos y emociones que vienen de la mente están afectados por el estado de salud que estamos experimentando producto de una patología.

También he procurado mostrarte que la felicidad, como estado de bienestar y plenitud, está a nuestro alcance, así como nuestra sanación, siempre que seamos conscientes de lo que estamos sintiendo, consumiendo y percibiendo a través de nuestros sentidos. Algo tan aparentemente sencillo como respirar resulta ser un tranquilizante natural si sabemos cómo hacerlo de manera apropiada.

La respiración debe ser diafragmática, lo cual quiere decir que en cada inhalación dirigimos el aire a nuestro vientre y no a los pulmones. De esta manera oxigenamos mejor nuestro cuerpo y calmamos nuestra mente.

Realizamos una revisión por los tres pasos para lograr la felicidad: conservar la energía, aumentando nuestro estado de conciencia y, por ende, mejorar en cómo percibimos nuestro entorno, comer saludablemente y descansar. Básicamente intervienen la técnica del *mindfulness* y la nutrición como herramientas para comenzar a dar esos tres pasos de manera segura y coherente.

En definitiva terminamos tejiendo una gran red en la que todo está conectado, en la que se entrelazan todos estos principios por causa y efecto y no por azar. El haber comenzado hablando del cerebro y la salud mental y culminar con la alimentación y las terapias holísticas va hilvanado por un fino de hilo que se llama conciencia y que espero haya podido hacerse más y más evidente.

No es posible separar un dolor de cabeza tipo migraña de la cantidad de preocupaciones que tiene la persona que la padece, así como tampoco podemos separar los problemas de tensión arterial de un sistema nervioso bastante alterado. Por último, la acidez estomacal o irritabilidad es producto de la angustia. Las conexiones que se establecen en ambas direcciones las podemos experimentar en nuestro propio organismo. Y esta es la base de la medicina holística: atender el síntoma y la causa como un todo.

¿Cuál es el órgano que se encuentra afectado con la diabetes? El páncreas, órgano que está asociado a las emociones de frustración. Cuando las cosas no salen como deseamos o sentimos que una situación se nos escapa de las manos y chasqueamos nuestra lengua con los dientes en señal de enojo, estamos disparando pequeños chorritos de insulina de nuestro páncreas y esas frustraciones nos van a causar problemas a mediano plazo. Es el mismo efecto de la ira sobre nuestro hígado, terminamos envenenando nuestra sangre con nuestro propio odio. Las enfermedades respiratorias tienen relación con la tristeza, una emoción que puede ser el origen del asma o problemas bronquiales.

A partir de estas reflexiones, ya no deberías subestimar tus sentimientos. Es hora de abrir los ojos y observar todas las opciones que tienes a tu alrededor, pero muy especialmente de las herramientas que ya posees dentro de ti.

En lugar de refugiarnos en videos virales, en redes sociales o escapar a través de la información basura, podemos aprender a segregar serotonina con nuestra alimentación y hábitos mucho más saludables como la práctica de ejercicios físicos o el baile.

Los escapes transitorios son solo por unos breves minutos, en lo que no esté la posibilidad de abstraerme, regresaré a los problemas y emociones que me afectan. Todo aquello que es perjudicial como los vicios, el ocio o la comida chatarra nos ayuda a salir momentáneamente de los problemas que estamos enfrentando, pero al regresar terminaremos de nuevo en el foso con más problemas que antes, porque a estos le añadiremos el deterioro de la salud.

La solución no es tratar de poner un pañito de agua tibia a nuestro malestar, sino de emprender un nuevo camino lleno de posibilidades y bienestar.

En ser felices no se trata de cuánto poseemos en lo material. Se trata de lo que hacemos con la fortuna que ya traemos incorporada en nuestro perfecto cuerpo, y cómo aprovechamos lo que la naturaleza nos provee con excesiva bondad.

Al cuerpo hay que escucharlo porque si no lo hacemos, no conectamos con la emoción y no logramos sanar. En términos generales, dejemos de estar preocupados y comencemos por ocuparnos en nosotros mismos, trabajando en ese equilibrio que necesita nuestra vida.

Hoy es el momento perfecto para comenzar a resolver nuestros estados emocionales en conflicto y encontrar la felicidad que está esperándonos con los brazos abiertos a la vuelta de la esquina.

Recuerda que si descuidas tu cuerpo, muy posiblemente te va a cobrar la factura por todos los daños y descuidos alimenticios cometidos en su contra. Sin embargo, si lo cuidas adecuadamente, con toda seguridad te puedo decir que tu cuerpo cuidará de ti y entonces con mayor razón y con toda la certeza del mundo, te diré una vez más que: Tus mejores días están por venir.